KB233487

우리 아이 두뇌 키우기

두뇌 키우기

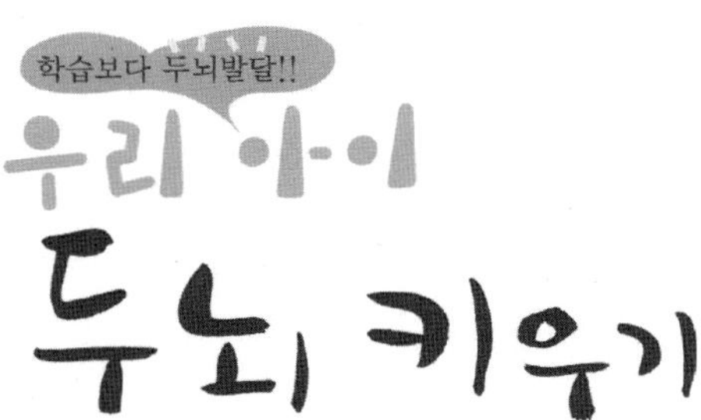

우리 아이 두뇌 키우기

박병철 지음

머리말

만남, 참으로 좋은 말입니다.

사람의 일생 동안 이루어지는 모든 것은 만남으로 시작해서 만남으로 끝을 맺는다고 해도 과언이 아닐 것입니다. 물론, 각자에게 이루어지는 만남이 어떤 만남이냐에 따라 그 인생의 삶의 모습도 달라지겠지요.

좋은 사람을 만나서 일생을 행복하게 보내는 사람이 있는가 하면, 잘못된 만남으로 인해 고통과 좌절과 불행 속에 지내는 사람도 있을 것입니다.

으스스 바람이 불던 어느 날이었습니다. 이파리가 다 떨어진 버찌 나뭇가지 위에 부지런한 달팽이 한 마리가 기어가고 있었습니다. 달팽이는 느리긴 했지만 정말 열심히 기었습니다. 가랑잎 밑에서 몸을 웅크리고 있던 달팽이들은 그 부지런한 달팽이를 이해하지 못하고 멀뚱히 쳐다보기만 했습니다.

나무 위를 날고 있던 새들은 부지런한 달팽이를 보며 점잖게 충고했습니다.

"이 바보 달팽이야! 곧 겨울이 다가오는데 너는 뭐 하는 거니?"

그러나 달팽이는 대꾸도 하지 않은 채 멈추지 않고 계속 기어갔습니다. 달팽이의 무뚝뚝함에 화가 난 새 한 마리가 꽥꽥 소리를 질렀습니다.

“넌 지금 어디로 가고 있는지 알기나 하는 거니?”

“알아, 난 지금 나무 위로 가고 있어.”

달팽이의 엉뚱한 대답에 새들은 비웃으며 물었습니다.

“도대체 무엇 때문에 나무에 오르려는 거야. 거기엔 버찌 열매가 하나도 달려 있지 않다구.”

그러자 달팽이가 환하게 웃으며 말했습니다.

“그래, 너희 말이 맞아. 하지만 내가 그곳에 도착할 때쯤이면 열매가 많이 맺혀 있을 거야.”

달팽이는 다시 천천히 기어가기 시작했습니다.

좋은 부모가 되어 아이를 키운다는 것은 정말 어려운 일입니다. 하지만, 아이에게 있어서 어떤 부모를 만나느냐에 따라 그 아이의 일생이 결정됩니다. 더군다나 아이는 부모를 선택할 수가 없습니다. 운명적으로 만나는 것입니다. 내 아이를 키우면서 절대로 서두르지 마시기 바랍니다. 아이와 함께 마음과 마음의 교감을 이루면서 천천히 나아가신다면 열매는 반드시 맺혀 있을 것입니다.

이 책의 내용은 지난 수년간 전국의 유아교육 기관을 돌며 학부모들을 대상으로 강의한 내용을 간추린 것입니다. 자녀를 키움에 있어서 조금이라도 도움이 되었으면 합니다.

박 병 철

목차

두뇌발달 교육의 필요성

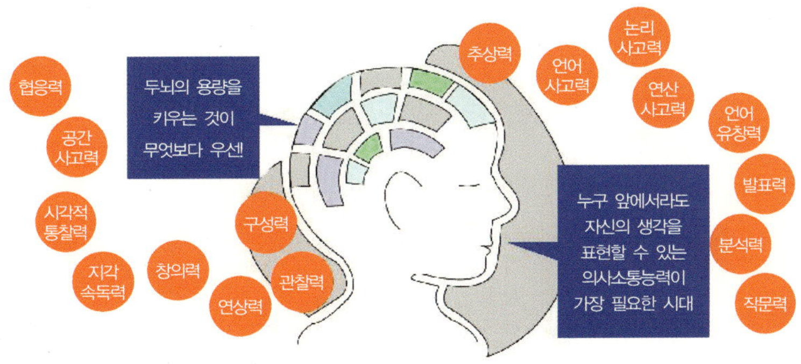

"단순학습보다 두뇌의 용량을 키우자"

현대는 정보화 시대를 뛰어넘어 창조화 시대입니다. 때문에 교육도 머릿속에 집어넣는 단순 암기식의 교육이 아니라 꺼내어 활용하는 창의 인성교육이 요구되고 있습니다. 가장 왕성한 뇌의 발달을 보여야 하는 아동들에게 있어 무분별한 교육 프로그램에 의한 강제교육은 뇌를 과도하게 혹사하여 비정상적인 아동으로 성장하게 하며, 그 결과는 학년이 올라가면서 학습 부적응, 정서장애, 행동장애 등으로 나타나게 됩니다.

'뇌가 지닌 창조력과 상상력은 우주보다 더 광대하다. 그렇기 때문에 뇌를 키우면 꿈도 커진다(1997, 서유헌)'는 말과 같이 저연령 시기에 선행학습을 위한 단순학습에 치중하지 말고 뇌의 발달에 우선해야 합니다. 특히 시대가 요구하는 창조적 능력은 타고나는 것이 아니기 때문에 교육과 훈련을 통해 얼마든지 향상시킬 수 있기 때문에 더욱 관심을 가져야 하는 것입니다.

[두뇌발달을 위한 교육]에서는 연령에 따른 다양한 프로그램을 적용하여 두뇌의 기능 형성이 완성단계로 들어서는 초등 3학년까지 소프트웨어가 아닌 하드웨어의 발달을 시키는 데 그 목적이 있습니다. 좌·우뇌 기능이 서로 협업을 이루어 균형과 조화를 이룬 고른 발달과 함께 특히, 학년이 올라갈수록 새롭고 놀라운 아이디어를 산출해 낼 수 있는 독창적이며 융통성 있는 '창의력', 자신의 생각을 다른 사람과 정확하게 소통할 수 있는 '의사소통능력', 끊임없이 성장 발전하는 평생 학습자로서의 '자기 주도적 학습능력'을 갖출 수 있도록 하기 위함입니다.

9세 이전까지의 뇌 기능에 따른 두뇌발달이 무엇보다 중요하기 때문에, 입시 위주의 일반 단순학습을 통해서는 갖게 할 수 없는 리더성, 창조성, 의사소통능력, 그리고 자기 주도적 학습능력을 갖추도록 뇌 발달 연령에 따른 전뇌 교육 프로그램의 지도가 무엇보다 우선되어야 합니다.

● 두뇌발달 교육의 필요성

현재는 정보화 시대를 넘어 창의성을 요구하는 시대가 되어 버렸습니다. 그런데도 불구하고 우리의 교육은 진도식·암기식의 교육을 벗어나지 못하고 있으며 입시 위주의 학교 교육은 일률적으로 똑같은 사람을 키워 내는 것으로 일관하고 있는 실정입니다. 이렇게 암기식의 교육을 받고 사회에 나온 사람들은 자기 스스로 무엇인가를 생각해 내는 것이 힘들고, 한 번 습관으로 자리한 성격과 행동은 변화시키기도 어려워 창의성을 발휘한다거나 리더십을 발휘하기가 더욱 쉽지 않게 되어 인재 육성이 어렵게 되고 있습니다.

아무리 많이 알고 있다 해도 사람들 앞에 나와 자신의 생각을 말하라 하면 입도 열지 못하는 경우가 비일비재하고, 알고 있는 한 가지를 통해 몇 가지의 다양한 생각을 유추해 내지 못할 뿐만 아니라 주변에 너무나 많이 산재해 있는 정보들을 통합하거나 분류하여 자신의 생각과 더불어 새로운 것을 생각해 내는 창의적 능력은 더욱 기대하기가 어려운 현실입니다.

이처럼 겉으로 드러나는 개개인의 능력(창의성, 리더성, 언어소통 등)은 단순한 학습을 통해서는 되지 않습니다. 저연령 시기부터 훈련이 되고 습관이 되어야 하는 것입니다. 바로 이러한 부분을 향상시키기 위해서 필요한 것이 두뇌발달을 위한 교육과 훈련입니다.

사람의 모든 행위는 두뇌에 의해 이루어집니다. 이제까지 두뇌는 사람의 생명과 직결되어 있기 때문에 의학 부분으로만 생각해 왔던 관념을 조금 벗어나 교육에도 연관을 지어 생각해 볼 필요가 있습니다.

두뇌 기능의 형성이 완성되는 시기는 학자에 따라 다르지만 약 20

세로 보고 있는데 그중에서도 가장 발달이 왕성하게 이뤄지는 시기가 5세에서 9세까지로 보고 있습니다. 유치원 입학부터 초등학교 3학년까지의 시기인데, 이 시기에 올바른 두뇌발달을 위한 교육과 훈련을 시행하게 된다면 형성된 두뇌의 기능들이 자리하여 점차 학년이 올라가면서, 나이가 들어가면서 배운 것을 활용하는 능력이 매우 뛰어나게 나타나게 될 것입니다. 실제로 이 시기에 두뇌발달을 위한 교육 프로그램을 약 3년 동안 꾸준하게 적용받은 아이들은 초등학교 3학년을 넘어서면서 자기 주도 학습 능력과 언어 소통 능력, 그리고 창의적 상상력이 매우 뛰어나게 나타나는 것으로 보고되고 있습니다.

사람의 두뇌는 좌뇌의 기능과 우뇌의 기능이 다릅니다. 좌뇌의 기능이 훨씬 우세한 사람은 좌뇌 기능의 지배를 받게 되고, 우뇌의 기능이 훨씬 우세한 사람은 우뇌 기능의 지배를 받게 됩니다. 좌뇌의 기능은 학습적인 부분이 많은 반면 우뇌의 기능은 창의성·사회성의 기능이 크게 지배합니다. 대부분의 선진국은 좌뇌형 우뇌적인 교육을 시행합니다. 사람들과의 사회적 관계는 물론이고 창의성을 주시하면서도 다른 사람에게 해를 끼치지 않도록 지켜야 할 것은 지켜야 하는 교육이 바로 좌뇌형 우뇌식 교육입니다. 그러나 우리의 교육은 좌뇌식의 일관된 교육만 하고 있기 때문에 머릿속에서는 지켜야 하고, 해서는 안 된다는 것을 알고 있지만 행동은 그렇게 하고 있지 않는다는 것이 문제로 나타나고 있습니다. 바로 이러한 부분을 개선하기 위해서 필요한 것이 두뇌교육입니다.

두뇌교육은 학습적인 것은 물론이고 실행으로 옮기는 행동적 교육입니다. 시험을 치를 때는 '횡단보도에 빨간불이 켜져 있으면 건너가야 하나요?'라고 물으면 모두 아니라고 답하지만, 실제로는 커다란

도로 외에는 학생은 물론 대부분의 사람들이 신호를 무시하고 건너게 되는 것을 볼 수 있습니다. 바로 생각과 행동이 일치하지 않는 것은 일관적으로 단순학습만을 적용해 왔기 때문입니다.

앞에서도 언급했지만, 좌뇌 기능을 크게 추상력·언어사고력·수리력·추리력으로 나누고 우뇌 기능을 협응력·공간사고력·시각적 통찰력·지각속독력 등으로 나누어 개발된 프로그램을 적용시킨다면 학업은 물론이고 행동에 있어서도 본인 스스로가 할 수 있다고 보기 때문에 특히 초등학교 저학년까지의 두뇌발달 교육은 앞으로의 학습을 위해서도 반드시 필요하다 하겠습니다.

뇌가 있기 때문에 '사람다움'이 있습니다

"사람을 사람답게 하는 뇌"

우리 신체 중에서 가장 중요한 기관이 바로 '뇌'입니다. 뇌의 기능이 멈추는 순간 사람은 목숨을 잃었다고 의학적인 선고를 합니다. 모든 동물에게도 뇌가 있지만, 사람의 뇌는 훨씬 다양한 구조와 기능을 갖추고 있습니다. 대부분의 동물들은 단순하게 본능에 의해 움직이는 뇌의 기능밖에는 없지만 사람에게는 다른 동물들에 비해 훨씬 고도의 정신활동을 할 수 있는 뇌구조와 기능을 갖고 있습니다. 이러한 기능을 통해 사고하고 계획하며 판단하고 실행하기도 하며, 감정을 표현하기도 하고 이성을 갖추고 지각하게 되며 학습을 하게 되며 사람을 사람답게 합니다.

무엇보다 중요한 것은 생명유지입니다. 뇌의 나이는 120세 전후로 보고 있는데 대부분의 사람은 100세를 채우지 못하고 사망합니다. 그만큼 뇌의 건강을 유지시키지 못하고 빠르게 노화시키고 있다는 것입니다. 현대에 있어 노인성 치매가 가장 무서운 질병으로 대두되는 것도 그중 하나입니다. 그리고 그 원인 중의 하나가 저연령 시의 무분별한 학습이라는 것을 기억해야 합니다.

● 복잡하게 얽히고설킨 네트워크

사람은 태어날 때 약 1천억 개의 뇌세포를 갖고 태어납니다. 아기가 자라면서 각 세포는 다른 세포들과 네트워크의 연결망을 형성하게 됩니다. 이때 이 연결망이 제대로 형성되지 않는다든가 조금이라도 손상된다면 뇌가 가진 기능을 충분히 발휘할 수 없게 됩니다. 뿐만 아니라 어려서는 잘 나타나지 않을 수도 있지만 자라면서 사람으로서의 기능이 떨어지는 중대한 결과로 이어지기도 합니다.

뇌의 구조는 아주 복잡하고 강인하며 동시에 대단히 민감하기도 합니다. 뇌의 내부에는 여러 개의 뇌가 있고, 그것들은 각각 적합한 역할을 합니다. 우리들이 두뇌발달을 이룬다는 것은 각각의 뇌가 갖고 있는 기능들을 발달 연령에 맞추어 적합한 역할을 할 수 있도록 자극을 주는 것입니다. 다양한 자극을 받은 뇌의 세포들은 튼튼해짐은 물론이고 수많은 네트워크를 형성하여 머리가 좋은 사람, 건강한 사람으로 성장시켜 줍니다.

● 사람은 동물과 달리 뇌의 발달에 시기가 있습니다

동물들은 짧은 시기에 뇌의 전체적인 발달이 완성되지만, 사람은 약 20년에 걸쳐 뇌의 발달이 이루어지고 이후에는 뇌세포가 소멸의 길로 들어서게 됩니다. 물론 뇌의 기능 발달에는 시기가 있습니다. 우리가 알고 있듯이 소는 태어나서 바로 걸어 다닙니다. 소의 경우 뇌 발달이 이루어지는 시간을 약 7분에서 10분으로 보고 있습니다. 하지만 사람은 오랜 기간을 걸쳐 뇌 발달이 하나하나 이루어집니다. 따라서 뇌의 어느 기능이 어느 시기에 이루어지는지 알고 그 시기에 뇌 기능 발달을 위한 적절한 자극과 환경을 제공해 주는 것이 무엇보다 중요합니다.

어려서 또는 젊어서 하지 못한 학습은 나이가 들어서도 얼마든지 할 수 있습니다. 그러나 뇌 발달은 학습과 달리 그 시기에 발달해야 할 기능이 제대로 발달하지 않은 채 넘어가게 된다면 발달되지 못한 뇌 기능을 갖고 평생을 살아가야 합니다. 제 시기에 발달하지 못한 뇌 기능은 그대로 성격과 습성으로 자리하게 되기 때문입니다.

★ 두뇌발달은 촘촘한 도로망처럼 신경세포의 네트워크를 잘 연결시키는 것임
을 알아야 합니다.

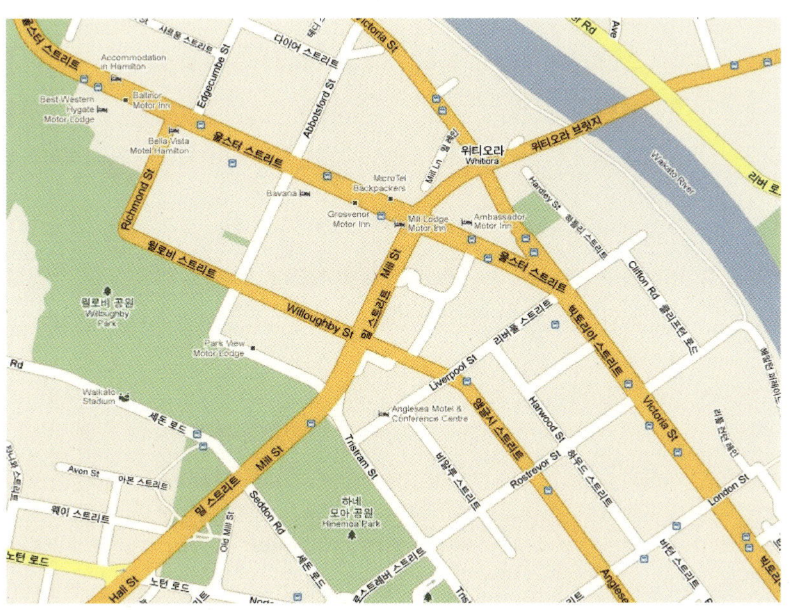

★ 사람이 사람답게 살기 위해서, 그리고 빠르
게 변화되어 가는 시대에 맞춰 행복하고
가치 있는 고도의 정신활동을 유지하기 위
해서 가장 필요한 것은 유아기부터 발달
시기에 따른 두뇌 기능의 발달입니다. 저연
령의 아동들에게 필요한 것은 이른 선행학
습이 아니라 학습할 수 있는 두뇌 기능의
발달입니다.

두뇌의 형성 시기를 알아보아요

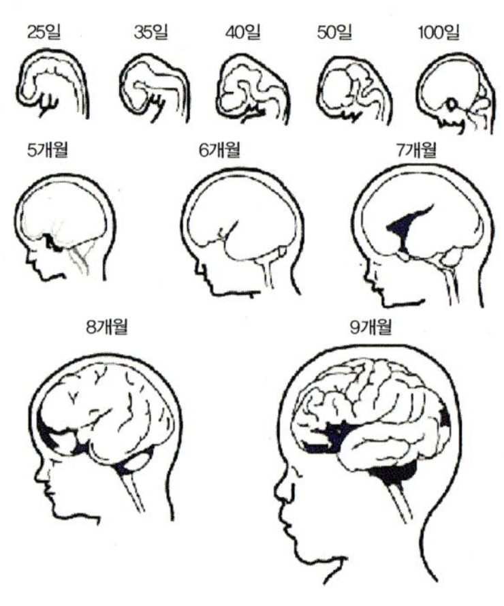

"뇌의 구조와 기능을 모르고 무조건 학습만 하면 효과가 없어요"

임신 5개월이 경과하면 태아의 대뇌는 어른들과 똑같은 수의 뇌신경세포, 즉 뉴런(Neuron)을 보유하게 됩니다. 이는 외부에서 주어지는 자극을 효과적으로 수용할 수 있는 준비가 되어 있음을 의미합니다. 임신 월수별로 태아의 성장 특성을 살펴보고 성장 과정에 알맞은 태아 교육의 기본 방향을 제시해 드리겠습니다.

● 임신 1개월

이 기간은 임신부가 임신 여부에 대해서 확신을 하지 못하고 모르고 지나치기 쉬운 기간입니다. 그러나 태아는 핏덩어리나 다름없는 상태이지만 놀라울 정도의 초보적인 조건반사 운동이 나타납니다. 즉, 만지면 몸 전체를 움츠리고, 큰 진동 소리를 들으면 몸이 팽창되는 조건반사 현상이 나타납니다. 다양한 영양섭취와 임산부의 정신적 안정이 필요합니다.

● 임신 2개월

태아는 자신의 의지대로 머리와 팔, 그리고 몸을 움직일 뿐만 아니라 임신부의 배를 찌르거나 차면서 좋고 싫은 감정을 표현하는 등 아주 기초적인 신체언어를 사용할 줄 압니다. 이는 태아의 뇌 발달에 따른 정서 기능이 서서히 분화되는 과정을 거치고 있음을 의미합니다.

● 임신 3개월

짧은 시간이지만 태아가 경험한 자극을 뇌 속에 기억한 흔적이 나타나는 시기이기도 합니다. 임신 3개월의 태아가 어떤 사실을 기억할 수 있느냐, 없느냐 하는 것은 전문가에 따라서 견해가 다를 수 있지만 중요한 것은 기억할 가능성이 있다는 점입니다. 이때부터는 태내 환경이 두뇌발달에 영향을 미칠 수 있다는 점을 의식하는 임신부의 올바른 생활 태도가 중요시되는 시점입니다.

● 임신 4개월

태아는 웃거나 이맛살을 찌푸리기도 하고, 얼굴을 찡그리기도 합니다. 눈꺼풀을 만지면서 미소 짓는 등 얼굴 표정을 뚜렷이 나타냅니다. 이것은 정서적 반응이 보다 분명해졌다는 것을 의미합니다. 특히 이때부터는 태아가 임신부의 정신적·심리적 변화에 민감하게 반응하기 시작하고 뇌세포의 생성이 왕성해지기 시작합니다.

● 임신 5개월

태아의 대뇌피질이 급성장하는 시기. 이 시기에 태아는 생후 한 살 된 아이와 비슷할 만큼 촉각이 발달하여 차가운 물을 몹시 싫어합니다. 더욱 놀라운 것은 맛을 보는 미각이 분화되기 시작한다는 사실입니다. 뇌신경세포가 거의 완성되고 신경회로가 11% 정도 형성되는 시기입니다.

● 임신 6개월

태아의 대뇌 신경세포의 수가 성인과 같이 1천억 개 정도로 생성 완료되는 시기입니다. 따라서 태 속에 안주하고 있는 작은 어른이라고 생각해야 됩니다. 특히 청각기능이 향상되어 엄마의 심장이 박동

치는 소리, 가족들의 말소리 등 그 밖의 모든 소리를 들으려고 늘 귀를 기울이고 있는데 이것은 학습욕구의 표현이라고 할 수 있습니다. 따라서 이 시기야말로 본격적인 태교가 이루어져야 될 시기라는 것을 명심해야 합니다.

● 임신 7개월

태아는 신생아와 비슷한 수준의 대뇌신경회로가 형성됩니다. 그리고 대뇌피질이 충분히 발달되어 외부의 자극을 의식할 수 있게 되는데 이것은 의식이 또렷해졌다는 것을 의미합니다. 또 대뇌피질이 충분히 발달되었다는 것은 외부로부터의 자극을 수용할 태세가 준비되었다는 것을 의미하기도 합니다.

● 임신 9개월

태아는 어른과 비슷한 정신활동을 하고 있으며 밖에서의 삶을 준비하고 있습니다.

두뇌 신경세포의 네트워크 형성

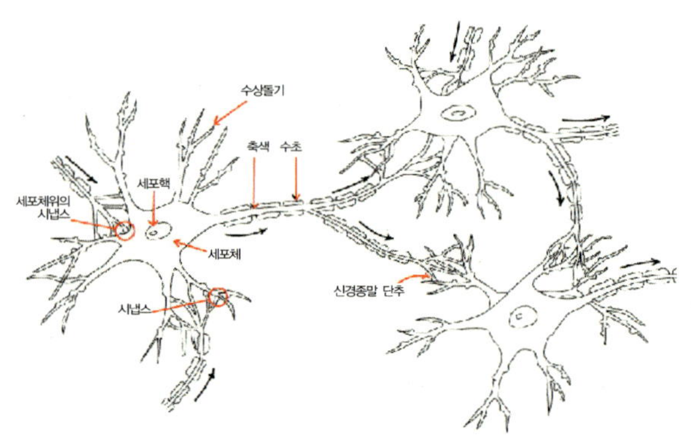

"학습보다 두뇌 신경세포의 가지치기 (네트워크 형성)가 우선"

아이들이 걸으며 말을 하기 시작하면 어떤 학습이라도 가르쳐 남보다 빠르다는 소리를 듣고 싶은 우리 부모님들, 그것이 아이에게 커다란 부작용으로 나타난다면 어떻게 하시겠습니까? 부모님들은 이구동성으로 말합니다. 자녀에게 물고기를 잡아 주기보다는 잡는 법을 가르쳐야 한다고. 그렇다면 과연 선행학습이 물고기 잡는 방법을 가르쳐 주는 것일까요? 아닙니다. 우선적으로 해야 할 것이 두뇌발달을 통해 머릿속에 촘촘한 그물망을 만들어야 합니다. 성장하면서 접하게 되는 다양한 경험과 학습을 통해 얻게 되는 정보들을 수용하고 꺼내어 잘 활용할 수 있도록 촘촘한 그물망을 형성시키는 것이 바로 두뇌의 네트워크 형성입니다.

● 만 3세까지의 두뇌발달이 아이의 일생을 좌우

태어날 때 약 250g이었던 뇌의 무게가 성인의 70%에 해당하는 약 1,000g으로 성장하며 신경세포의 가지치기(네트워크 형성)가 약 50% 완성되는 시기입니다. 건축으로 말하면 기초공사가 마무리되는 단계입니다. 아이가 말하는 어휘 수도 늘어나고 자신의 생각을 잘 표현하기도 하며, 호기심이 많아져 무엇이든 하려 하는 현상이 나타나는데, 이것을 부모의 욕심에 의해 단순학습으로 연결시켜서는 절대로 안 됩니다. 이 시기에는 아직까지 학습을 할 수 있는 뇌의 기능은 약 20%도 되지 않기 때문에 무리한 교육과 과잉교육은 아이를 자폐아로 만들 수 있기 때문입니다.

따라서 안정적이며 가변성 있는 감성 자극의 경험을 통한 학습이 가장 중요합니다. 이 시기에 다양한 자극과 경험활동을 통해 형성된 뇌 기능은 거의 소멸되지 않고 평생 동안 함께하게 되는데 '세 살 버릇 여든까지 간다'는 말이 여기에 적용되는 것입니다.

만 3세까지 두뇌세포의 가지치기가 약 10조 개 이상이 생성됩니다. 두뇌세포의 가지치기란 세포와 세포가 연결되는 것으로 시냅스 형성을 말합니다. 시냅스 형성이 많으면 많을수록 우리는 머리가 좋은 사람이라고 합니다. 우리 뇌의 신경세포는 마치 생물체처럼 머리, 몸통, 꼬리의 세 부분으로 되어 있습니다. 다만 머리와 몸통은 전자현미경으로 봐야 겨우 보이는 마이크론 크기의 원형이고, 사실상 가느다란 실처럼 생긴 고리 부분이 신경세포의 대부분을 차지하고 있습니다.

신경세포의 머리 부분을 '수상돌기'라고 부르는데 이 수상돌기는 다른 신경세포로부터 신호를 전달받는 안테나 역할을 담당합니다. 수상돌기를 확대해 보면 나뭇가지처럼 여기저기로 가지가 뻗어 나 있고 각각의 가지에는 장미꽃처럼 가시가 붙어 있습니다. 그리고 신경세포의 꼬리 부분은 '축색돌기'라 부르는데 이곳이 바로 신경세포에서 만들어진 정보가 밖으로 배출되는 부분입니다. 다시 말해 축색돌기의 맨 끝 부분이 주변 신경세포의 수상돌기(머리 부분) 가시와 맞닿아 있는 것입니다. 이렇게 맞닿은 부위를 '시냅스(synapse)'라고 하는데 하나의 신경세포는 다른 신경세포들과 적게는 1천 개에서 많게는 10만 개까지 시냅스를 형성하며 네트워크를 형성하고 있습니다.

● 시냅스를 탄탄하게 구성시키는 것이 촘촘한 그물망

태어나면서 생성된 두뇌 신경세포의 수는 약 1천억 개인데, 점차 자라면서 이 뇌신경세포의 수가 늘어나는 것이 아니라 하나의 신경세포에서 수많은 가지를 쳐 나오게 됩니다. 그런데 그 가지들이 가만히 있는데 저절로 뻗어 나오는 것이 아니라, 저연령 시 끊임없는 가변적인 자극을 통해 다양한 경험과 학습을 제공받았을 때 가지를 뻗게 되는 것입니다.

그렇게 뻗어 나온 가지들이 다른 가지들과 연결되는 시냅스 부위를 통해, 바로 우리의 두뇌 속에서 정보를 교환하는 장소 역할을 하게 되는 부분이 바로 수상돌기인 것입니다.

우리가 두뇌발달을 시킨다는 것은 바로 앞에서 말한 수상돌기의 가지가 다른 세포체들과 시냅스를 통한 연결부분이 탄탄하게 구성되어 있음을 의미합니다. 이렇게 될 때 정보의 교환이 빠르게 일어나고 다양성 있게 활용할 수 있기 때문입니다.

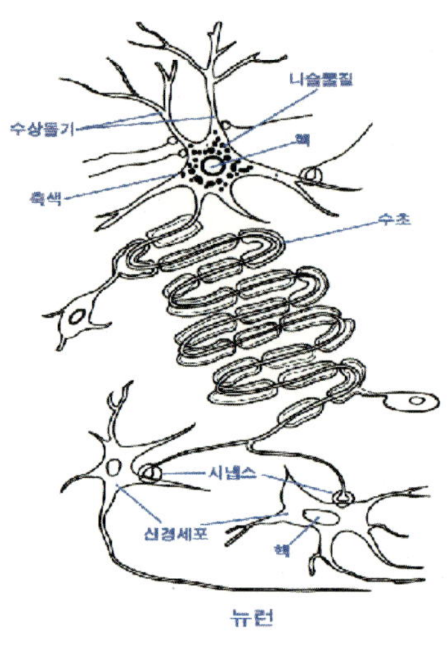

- 옆의 그림에 나타나듯이 시냅스를 통해 두뇌의 신경세포가 다른 신경세포와 연결되고 있음을 알 수 있습니다. 우리가 두뇌를 컴퓨터와 비교한다면 신경세포의 가지 뻗기가 잘 되어 탄탄한 시냅스를 많이 형성되게 하는 것은 컴퓨터의 하드용량과 처리 속도를 키우는 것과 같습니다. 이처럼 두뇌발달이 잘된 아이는 학년이 올라갈수록 학습을 잘 받아들일 수 있지만, 하드용량이 작은 아이는 저학년 시기에는 잘하는 듯 보여도 갈수록 힘 들어함을 나타냅니다. 만 3세부터 6세까지는 단순학습, 선행학습에 치중하기보다는 다양한 경험과 활동을 통한 끊임없는 가변적 자극을 주어 뇌세포의 네트워크 형성 즉, 두뇌의 용량을 키워 주어야 합니다. 그것이 바로 두뇌발달입니다.

두뇌의 발달 시기를 알아보아요

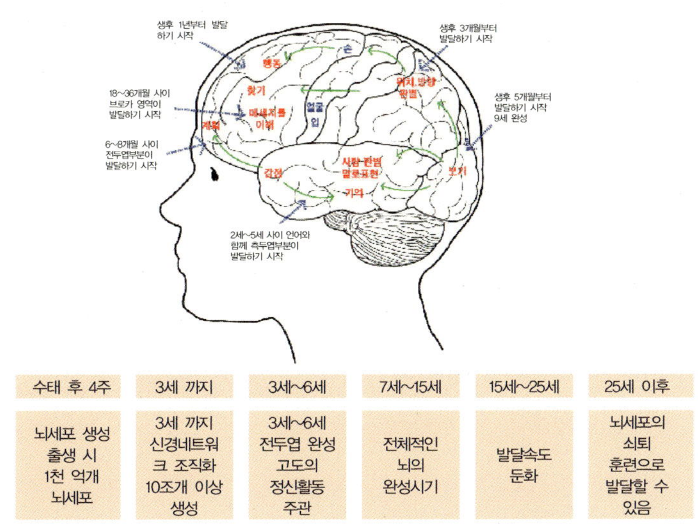

수태 후 4주	3세 까지	3세~6세	7세~15세	15세~25세	25세 이후
뇌세포 생성 출생 시 1천 억개 뇌세포	3세 까지 신경네트워크 조직화 10조개 이상 생성	3세~6세 전두엽 완성 고도의 정신활동 주관	전체적인 뇌의 완성시기	발달속도 둔화	뇌세포의 쇠퇴 훈련으로 발달할 수 있음

"만 8세까지의 두뇌발달이 평생 갑니다"

우리가 일반적인 학습은 나이가 들어서도 언제든지 할 수 있습니다. 우리 주변에서는 고령자가 대학에 합격해 공부를 계속해 나간다는 소리를 심심치 않게 들을 수 있습니다. 그러나 두뇌의 발달은 연령에 따른 제 시기가 있습니다. 그 발달 시기를 놓치게 되면 다음 시기에서는 일반적인 방법으로는 발달을 이룰 수가 없습니다. 따라서 발달이 되지 않은 상태로 평생을 살아가야 합니다. 그만큼 제 시기의 두뇌발달이 중요합니다.

● 균형과 조화를 이룬 두뇌발달

태어날 때 생성된 1천억 개의 뇌세포를 소멸시키지 않고 탄탄하게 형성시키며 그것을 잘 활용하면서 살아가는 것이 인생을 잘 살게 되는 것입니다. 뇌가 있기 때문에 사람다움이 있습니다. 뇌는 생명입니다. 우리의 육체가 건강한 상태에서 잘 살고 있다는 것은 곧 뇌세포가 건강하다는 것입니다. 공부를 잘한다는 것은 뇌세포를 잘 활용한다는 것입니다. 그렇기 때문에 어려서부터 생성된 뇌세포를 탄탄하게 발달시키는 것이 무엇보다 중요합니다. 뿐만 아니라 고르게 발달시켜야 합니다.

우리의 뇌는 언어와 학습을 담당하는 좌뇌의 기능과 이미지와 감성, 그리고 예체능을 담당하는 우뇌의 기능으로 나누어져 있습니다. 약 2세를 전후하여 좌·우뇌의 기능이 분할되기 시작하는데, 양쪽 뇌의 기능은 '뇌량'이라는 부위를 통해 서로가 협업을 하게 됩니다. 이때 좌·우뇌의 기능이 강력하게 협업을 하며 정보를 주고받게 하는 것이 바로 좌뇌의 기능과 우뇌의 기능이 서로 균형과 조화를 이루는 전뇌적인 사람이라고 합니다. 전뇌적인 아이가 지적 잠재력이 높고 주도성은 물론이고 리더성도 갖추게 됩니다. 이처럼 좌뇌의 기능과 우뇌의 기능이 균형과 조화를 이룬 두뇌발달은 학년이 올라갈수록 자기 주도적으로 공부를 잘하게 되며, 어떤 상황에서도 대처 능력이 뛰어난 사람이 되게 합니다.

　그렇기 때문에 저연령 시기에 균형과 조화를 이룬 발달이 매우 중요한 것입니다.

● 만 0세~3세

　이 시기는 대뇌 기능의 절반 이상이 형성되는 시기입니다. 별(★) 모양의 뇌신경세포들이 뿔같이 생긴 나뭇가지 모양의 돌기를 내밀면서 외부에서 들어오는 자극을 수용할 준비를 하며 인생살이의 기초를 다지는 시기입니다. 그러므로 이 단계는 대뇌의 모든 부위가 골고루 발달되도록 여건을 조성해 주는 것이 중요합니다. 수학, 논리력, 어휘력, 감정 조절 능력, 사회성 등은 만 3세를 전후하여 그 발달이 절정을 이루고 또 이때 형성된 기능은 일생 동안 좀처럼 소멸하지 않고 같이 가기 때문에 이 시기의 교육을 올바르고 알차게 이루어지도록 온갖 지혜를 발휘하는 정성이 필요합니다. 가장 중요한 것은 안정적이며 끊임없이 가변적인 자극을 줄 수 있는 환경을 제공하여 오감 발달을 통한 끊임없는 경험을 하게 하고, 그 경험을 통해 학습(학습지 등을 통한 단순학습 제외)을 할 수 있도록 하는 것이 가장 좋습니다.

　아울러 이 시기에는 육체적으로나 두뇌적으로 왕성한 발달을 요구하기 때문에 부모에 의한 고른 영양 공급을 필요로 합니다. 특히 이 시기에 섭취하는 영양소의 1/3이 뇌 성장과정에 투입되기 때문에 각별한 보살핌이 필요합니다. 만약 이 시기에 부모의 욕심으로 조금이라도 빠르게 가르치겠다며 과도한 학습을 제공하게 되면 두뇌 신경세포의 네트워크 형성이 잘 이루어지는 것이 아니라 오히려 유사자

폐 증세를 유발시킬 수 있기 때문에 과잉 학습은 피해야 합니다.

만 2세가 되면 풍부하고 다양한 체험을 통해 모든 감각 기능을 최대한 발달시키는 데 두어야 합니다. 첫돌이 지나면서 감각을 담당하는 신경 회로가 거의 완료되지만 감각 기능의 발달은 계속됩니다. 특히 이때 아이의 대뇌는 활발하게 작동하면서 감각 기능 발달과 지적 사고능력 발달을 촉진시키게 되는데 사물에 대한 시각적 집중력이 향상되면서 사물을 관찰하는 능력이 발달되고 동그라미, 세모, 네모 등의 모양을 구별하게 됩니다. 따라서 이 시기에는 여러 가지 색이나 모양을 보여 주어야 색채 감각이나 조형 감각의 발달이 원만히 이루어지게 됩니다.

만 2세에서 3세 사이에 뇌기능 분할의 징후가 뚜렷하게 나타나기 시작하고 직접 부딪치며 터득한 자신의 체험을 바탕으로 지능을 갈고 닦아 가게 되는데, 이때의 다양하고 가변성 있는 경험은 좌뇌와 우뇌의 균형과 조화를 이루게 하는 뇌기능 발달을 촉진시켜 주는 계기를 마련해 주게 됩니다. 이 시기 이전에는 엄마와의 스킨십이 아이와의 주된 교류 수단이었다면 앞으로는 언어와 정신적인 접촉이 주된 교류 수단이 되게 됩니다. 감정은 쉽게 노출되어 쉽게 감지할 수 있지만, 정신세계는 쉽게 노출이 되지 않으므로 부모님은 아이들의 형태와 의식의 흐름을 면밀히 관찰하면서 생활 지도를 해 나가야 합니다.

태어나서 만 3세까지는 두뇌발달을 위한 기초공사를 하는 시기였다면 만 3세에서 6세까지는 기초공사를 한 토대 위에 일생 동안 살아갈 집의 골격을 세우는 종합 공사 과정이라고 할 수 있습니다. 이 시기는 좌·우뇌의 전두엽이 집중적으로 발달하면서 종합적 사고 기능 형성이 왕성하게 진행되는데 이때의 종합적 사고 기능은 한 가지 사물(또는 상황)을 여러 각도에서 보고 많이 느끼고 다양하게 인지·사고하는 기능을 말합니다. 따라서 종합적 사고 기능의 형성은 다양하고 가변적인 경험과 생활 지도가 짜임새 있게 이루어져야 좋은 결과를 얻을 수 있습니다.

이 시기의 아이들은 이제까지 우뇌의 감성 중심에서 뇌 기능 분할이 좌뇌와 우뇌로 활발히 이루어지며, 좌뇌의 이성이 간섭하게 되기 때문에 모든 것에 왕성한 호기심을 보이게 됩니다. 이러한 발달 상황 속에서 부모들은 자녀에게 다양한 경험을 할 수 있는 환경을 제공하는 것이 아니라 오로지 학습 쪽으로만 이끌려는 경향을 많이 보이기 때문에 고른 두뇌발달이 아니라 어느 한쪽으로만 치우치게 하는 방향으로 가게 되는 것입니다. 특히 이 시기는 엄마의 영향력이 절대적인 엄마와의 밀착 결합기이기 때문에 엄마가 어떤 환경을 제공해 주느냐에 따라 아이의 인성은 물론, 성격까지도 큰 영향을 끼치게 됩니다. 따라서 다른 아이와 비교 우위로 한글, 수 등의 단순학습에 몰두하게 한다거나 과도한 선행학습의 지도는 아직 학습을 할 수 있는 좌뇌 기능이 발달되지 않고 있기 때문에 스트레스를 가중시키며 좌·우뇌의 균형 있는 발달을 깨트리는 결과를 초래하게 됩니다.

이 시기에 형성된 예절교육과 인성교육은 평생 동안의 성격으로 자리할 수 있으며, 반대로 과도한 학습으로 인한 스트레스는 유아의 감성적 기능을 파괴하게 되는데 한 번 파괴된 유아의 감성 기능은 좀처럼 회복되기 어렵습니다.

또한 이 시기가 어려운 것은 아이가 만 3세를 넘어 만 6세가 다가오면 그동안 조기교육에 등한시했던 부모들도 마음이 조급해지기 시작합니다. 특히 취학을 대비하느라 한글이나 수 교육에 관심을 많이 갖게 되는데 자칫하면 과잉 학습으로 유도되어 부작용을 낳기 쉽습니다. 더구나 조기 영어 교육의 붐은 더욱 많은 부작용을 낳는 결과를 가져오고 있으며, 생각 없이 주변의 분위기에 휩쓸려 남 따라 하는 조기교육은 재고할 필요가 있습니다.

● 만 6세~8세

아이가 초등학교에 들어가서 본격적인 단체 생활에 들어간다는 점과 생후 5~6년 동안 경험과 학습에 의해 형성된 뇌기능을 학습활동에 본격적으로 적응시켜 나가는 시기임을 명심해야 합니다. 학습활동에 제대로 적응하여 공부하는 것이 재미가 있게 되면 대뇌피질에 엔도르핀이나 도파민 같은 호르몬이 공급되어 두뇌발달이 촉진되고 이것이 원만한 인성과 뛰어난 머리를 갖게 되는 계기가 됩니다.

더욱 유의해야 할 점은 이 시기가 측두엽과 두정엽 발달이 가속화되는 시기라는 것입니다. 측두엽은 언어기능 특히, 청취력을 관장하는 곳이어서 언어사고 발달과 밀접한 연관성이 있습니다. 듣기, 읽기, 말하기, 쓰기 등은 학습 과정에 필수적인 요소여서 지도에 세심한 주의를 기울여야만 합니다. 그리고 두정엽은 사물을 입체적으로 인지·사고·판단하는 공간사고 기능을 담당합니다. 공간사고 기능은 관찰력·공간 추리력·도형 추상력 등과 직접적인 연관성을 맺고 있어서 상상력·발상력·창의력 발휘에 큰 영향을 미쳐 나갑니다.

그리고 이 시기는 초등학교에 입학하여 학습활동 비중이 커지는 시기이기도 합니다. 따라서 학습활동에 친한 좌뇌가 주도권을 잡기 시작하면서 우뇌의 기능을 무시하는 경향이 나타나게 됩니다. 이것이 좌·우뇌의 균형을 무너뜨리고 좌뇌로 중심 이동을 가져오게 하는 원인 제공을 하게 됩니다. 그러나 사람은 우뇌의 협력 없이는 제대로 생각할 수가 없습니다. 생각의 내용을 이미지 형태로 우뇌에 떠오르지 않으면 아무리 생각을 하려 해도 뜻대로 안 되기 때문입니다. 따라서 좌·우뇌의 균형이 무너지기 전에 우뇌를 자극하는 방법을 터득하고 꾸준히 노력하는 부모님의 마음가짐이 필요합니다. 사랑하는 자녀가 어떠한 환경에서도 유연하게 적응해 나가려면 좌·우뇌의 균형적 발달이 어떤 무엇보다도 선행되어야 한다는 사실을 잊어서는 안 됩니다.

현대가 요구하는 인물

"현대는 리더적인 사람을 요구합니다"

우리가 살고 있는 현대는 엘빈 토플러가 제3의 물결이라 일컬었던 정보화 시대를 뛰어넘어 제4의 물결인 창조화 시대로 접어들었습니다. 따라서 지금까지 우리의 아동 교육은 많이 풀고 많이 쓰고 많이 외우는 쪽의 교육 방법론이 맞추어져 있었지만, 이제는 머릿속에 집어넣는 암기식의 단순교육이 필요한 것이 아니라 창의적 인성교육이 필요한 것입니다. 우리가 살고 있는 이 시대에는 정보와 지식이 넘쳐 나고 있습니다. 따라서 넘쳐 나는 정보와 지식을 통합하고 분류하여 자신의 생각을 덧붙여 어떻게 활용할 수 있는가 하는 능력이 필요한 사람입니다. 이러한 부분을 잘 활용하는 사람이 바로 시대의 리더가 될 수 있습니다.

현대가 요구하는 리더적인 사람은 다음과 같습니다.

● 창의적인 사람

리더십이 있는 아이는 새롭고 놀라운 아이디어를 산출해 낼 수 있는, 독창적이며 융통성 있게 사고하는 확산적 사고력 즉, 창의력이 뛰어납니다. 이러한 부분은 단순학습을 통해서는 발달시킬 수 없습니다. 단순학습에만 훈련된 아이는 주어진 것은 잘하지만, 주어진 것에 새로운 것을 덧붙여 창의적으로 만드는 것에는 매우 힘들어합니다. 뿐만 아니라 창의력이 강한 아이들은 활동에 있어서도 매우 큰 성취감과 만족감, 그리고 자신감을 갖기 때문에 학습적으로는 조금 부족할지라도 항상 아이들을 몰고 다니며 리더 역할을 하게 됩니다.

● 자기 주도적 학습능력을 가진 사람

과거에는 비록 활동적이지 못했다 할지라도 지식과 정보를 상대적으로 많이 갖춘 사람이 리더의 역할을 할 수 있었습니다. 하지만, 지식이 폭발적으로 증가하는 요즘의 시대에 있어서는 단순히 머릿속에 많이 담고 있다고 해서 리더적이지도 못하지만 예전처럼 인정받지 못하는 시대가 되었습니다. 현대의 리더는 끊임없이 성장 발전하는 평생 학습자로서의 능력을 보입니다. 부모가 정해 주는 학습의 양을 스트레스 속에서 의무적으로 완수하는 아이와 달리 비록 적은 양일지라도 조금씩 꾸준히 스스로 해 나가는 아이가 이런 사람으로 성장할 수 있습니다.

● 의사소통 능력이 있는 사람

의사소통 능력이란 자신의 생각과 아이디어, 정서적 느낌 등을 다른 사람과 정확하게 소통하는 능력입니다. 어려서부터 리더십이 있는 아이는 의사소통 능력의 기본이 되는 듣기, 말하기, 읽기, 쓰기의 능력이 뛰어납니다. 다른 사람의 말을 정확하게 듣고 어떤 사람이든지, 어떤 장소에서라도 자신의 생각을 자신 있게 논리적으로 말하여 뜻을 전달하는 말하기의 능력이 현대가 요구하는 리더에게 가장 필요한 것임은 두말할 필요가 없습니다. 단순학습에만 치우친 아이들은 생각은 많은 반면 고지식함이 함께 하기 때문에 글로 써서 읽는 것은 가능하지만, 많은 사람들 앞에 나서서 발표를 하거나 말을 할 때는 곧잘 잊어버리고 나서 나중에 하지 못한 말을 떠올리며 후회하게 됩니다. 이러한 것들이 습관이나 성격으로 자리하게 되면 내성적이 되어 사람들 앞에 서면 가슴이 떨리고 똑바로 눈을 바라보지 못하게 되어 자신감도 잃어버리게 됩니다.

★ 21세기가 요구하는 리더는 공부 잘하는 사람, 머릿속에 든 것이 많은 사람이 아닌 창의성과 의사소통능력, 그리고 주도적인 사람입니다.

주도성과 창의성을 가진 인물로 성장시키려면?

외우는 뇌
(후진국)

모방하는 뇌
(개발도상국)

생각하는 뇌
(선진국)

"생각하는 뇌를 갖게 해야 합니다"

21세기가 요구하는 인물상은 공부만 잘하는 사람이 아니라, 창의성과 함께 주도성을 갖춘 사람을 원합니다. 그런데 이러한 것들은 하루아침에 이루어질 수도 없고, 단순학습을 통해서는 더욱더 얻을 수 없습니다. 그렇기 때문에 선진국들은 유아 시기부터 창의성과 주도성을 갖게 하기 위해 글자나 연산을 알게 하는 단순학습을 외면하고 생각하는 뇌를 갖도록 막대한 예산을 집중적으로 투자하며 철저한 교육을 시행하고 있습니다. 그 아이가 장차 어떤 인물이 되느냐 하는 것은 만 8세까지의 뇌 기능의 형성이 어떻게 되어 있느냐에 달려 있습니다.

우리 아이는 어떤 뇌를 갖도록 하겠습니까?

● 외우는 뇌

주로 후진국들에서 많이 나타나고 있습니다. 아예 학습적인 부분을 생각지도 못하는 나라들도 있지만, 학교 교육이 외우는 교육, 주입식 교육으로 일관된 나라들의 사람들이 많이 갖고 있는 뇌의 형태입니다. 우리나라도 이제까지 교육에 있어서는 이 부류에 속해 학교에서는 진도교육으로 일관했고 그에 따라 아이들은 선행학습이 필요하여 사교육에 매달릴 수밖에 없었습니다. 그 결과 수많은 아이들이 학습적 스트레스에 노출되어 학년이 올라갈수록 무기력함과 학습증후군을 나타내게 되었고 더 나아가 불만과 불행으로 점철되기도 합니다. 다행히 근래 들어 저학년 아동들에게는 창의적 활동의 활성화를 통해 교과 중심의 암기식·주입식 수업을 줄이는 교육개혁이 이루어지고 있어 다행이라 할 수 있습니다.

● 모방하는 뇌

창의성이나 자신의 생각은 전혀 없이 주어진 것만 열심히 하는 아이들을 말합니다. 이 아이들의 특징은 자신의 성취감을 위해 노력하기보다는 다른 사람들이 해 놓은 잘한 것들을 보고 그대로 모방하여 현실적 점수를 잘 얻는 것에 만족합니다. 미래에 대한 계획을 세우고 그 꿈을 실현하기 위해 한 발 한 발 정진하기보다는 당장의 것들에만 치우치는 사람들로 개성도, 창의성도 전혀 나타나지 않기 때문에 리더 역할을 할 수가 없습니다.

독일의 저명한 미래학자 마티아스 호르크스는 다가올 미래와 관련, "자본주의 4.0시대, 즉 미래사회에서는 지식을 아는 것보다 지식과 정보를 새로운 방식으로 연결해 부가가치를 창출하는 것이 더 중요하다"며 "한국의 경우 모든 학생이 똑같은 목표를 향해 달려가는 지나치게 단순화된 교육 모델에 머물러 있다"면서 미래교육은 아이들에게 호기심과 창의력을 키워 줄 수 있는 교육이 필요한 것이지 문제풀이에 매몰돼 있는 교육은 절대로 안 된다고 역설하고 있습니다. 즉, 단순 교육을 벗어나 다양한 경험과 학습을 통해 인터넷에 널려 있는 정보를 융합하여 새로운 것을 만들어 내는 창의력, 사고능력을 갖게 하는 생각하는 뇌를 갖도록 해야 한다는 것입니다. 일률적인 주입식 교육을 통해 벽돌을 찍어 내듯이 똑같은 아이로 만들어 내는 우리의 교육 현실은 여전히 외우는 뇌를 만들어 내고 있기에 미래사회를 위해 생각하는 뇌를 갖도록 하는 것이 무엇보다 시급한 현실입니다.

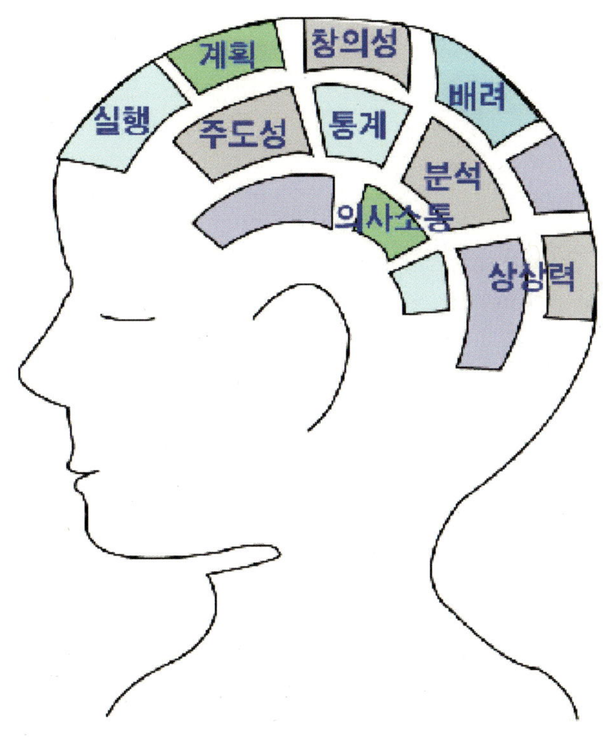

★ 사람의 뇌는 무한한 능력을 갖고 있으며,
암기식의 단순학습으로는 그 무한한 능력
을 계발시키기 어렵습니다. 두뇌를 발달
시키는 것이 곧 생각을 키우는 것입니다.

주도성과 창의성의 장애물 1-부모

-조선일보DB 발췌-

"단순학습보다 다양한 경험을 통한 자신감"

주도성과 창의성을 가진 리더적인 인물로 성장시키기 위해선 다양한 경험을 통한 자신감과 통찰력이 가장 필요합니다. 공부만 잘하는 사람은 '복종 잘하는 사람', '제도에 순응 잘하는 사람'을 의미할 뿐이기 때문에 미래사회 리더로 성장시키기 위해서는 어려서부터 엉뚱

하더라도 주도성을 갖춘 아이로 키워야 합니다. 그러기 위해서는 부모의 간섭과 욕심에 의한 선행학습 등에 의한 스트레스를 갖지 않도록 하며, 오히려 목적이 아닌 과정을 중시하며 적절한 칭찬을 통한 자신감을 갖도록 해야 합니다.

주도성과 창의성을 가로막는 것들로는 다음과 같다.

● 맹목적 단순학습

앞쪽에 있는 네 컷짜리 그림은 2010년 독일 초등학교 4학년의 중간고사에 출제되었던 문제입니다. 네 컷의 그림에 대한 설명과 교훈을 적으라는 것이었습니다. 한국에서 유학 간 학부모가 이러한 문제를 경험해 보지 못했기 때문에 매우 당황했었다며 아이도 좋은 점수를 받지 못했다고 합니다. 오른쪽 사진은 동시간대에 한국에서 2학년 아이가 문제를 풀다 틀린 것에 대한 오답노트를 작성하고 있는 모습입니다. 독일 초등학교에서는 문제를 해결하는 것도 자기 자신이 주도권을 갖고 자신의 생각을 정확하게 표현하도록 하면서 주도성과 창의성을 기르는 데 주안점을 갖고 있지만, 한국에서는 오직 점수를 통해 우열만을 가리는 데 집중합니다. 초등학교 부모들도 우리 아이가 무엇을 배우고 있느냐가 중요한 것이 아니라 다른 아이에 비해 점수가 어떤가에 더 큰 관심을 집중하고 있습니다. 그러다 보니 학습지 등을 통한 반복적인 선행학습을 외면하지 못하고 있는 것입니다. 선행학습과 단순학습은 절대로 창의성과 주도성을 길러 주지 못합니다. 오히려 과도한 학습의 부담으로 인한 스트레스와 함께 정서장애와 반항장애를 갖게 합니다.

● 비교 우위와 체벌

　주도성을 갖게 하기 위해 부모가 하지 말아야 할 것 중의 하나가 바로 다른 사람과의 비교입니다. 하지만, 우리의 부모들은 내 아이의 개성이나 속해 있는 환경은 모두 무시한 채 무조건적인 비교를 통해 칭찬을 하거나 꾸중을 합니다. 이러한 행위는 자녀를 존중하는 것이 아니라 소유물로만 생각하기 때문이고, 아직 아무것도 모르는 시기에 무조건적으로 많이 가르치기만 하면 모두 기억되고 받아들이는 것으로 잘못된 생각을 갖고 있기 때문입니다. 또한 우리 부모들이 많이 하는 부분 중의 하나가 체벌입니다. 아이의 발달 수준에 따른 체험적 구조를 이해하지 못하고 막무가내로 틀에 맞춰 가르치려는 부모가 아이의 주도성과 창의성을 가장 크게 가로막고 있습니다.

● 발달 수준을 외면한 부모의 욕심

　우리의 부모들은 내 아이를 바라보지 않고 옆집 아이를 더 세심하게 관찰합니다. 그 아이가 학원을 몇 군데 다니고, 무엇을 배우는지를 알아내 아이가 그만큼 하지 못하면 뒤떨어졌다 생각하고 거의 무조건적으로 시키기만 합니다. 심지어 주변에 공부 잘하는 아이를 수소문하여 그 아이가 어떤 책을 읽는지, 어떤 문제지를 푸는지, 어느 학원에 다니는지를 알아내어 내 아이도 똑같이 시키면 그 아이처럼 잘할 거라 생각합니다. 아이가 수학을 못하면 왜 못하는지를 생각하기보다 학습시간을 많이 가지면 잘할 것이라고 생각하고 막무가내로 시키기만 합니다. 아직 어린아이는 어쩔 수 없이 부모가 시키는 대로 할 수밖에 없습니다. 부모가 무한하게 뻗어 나갈 수 있는 아이의 생각을 차단시키며 앞을 막는 벽돌을 한 장 한 장 쌓아 놓는 것입니다. 중요한 것은 내 아이의 개성과 발달 수준입니다. 아이의 개성과 발달은 부모에 의해 제공된 환경에 의해 달라질 수밖에 없습니다. 저연령 시기부터 다른 아이와 비교하며 무리한 욕심을 갖는 것은 부모 스스로가 내 아이의 주도성과 창의성을 소멸시키는 것과 같습니다.

주도성과 창의성의 장애물 2-교육

동기와 호기심을 주지 못하는 교육

획일적인 모범생만 만드는 교육

정답 맞히기만 강요하는 교육

실패를 용납하지 않는 교육

"기계처럼 공부만 하는 아이들"

우리 아이들에게 있어서 주도성과 창의성의 가장 큰 장애물은 공교육이라 할 수 있습니다. 초등학교부터 진도 교육과 주입식 교육, 암기식 교육을 앞세워 시험을 통해 나타난 성적으로 줄 세우기를 하기 때문에 성적을 외면한 채 아이들은 자신들이 좋아하는 것을 할 수도 없습니다. 우리의 교육은 자신감을 키워 주는 것이 아니라 끊임없이 억누르는 현장이 되고 있습니다.

• 행복감과 자신감을 잃은 아이들

스웨덴의 스톡홀름의 뉘아 중학교 1학년 마야는 아침에 눈을 뜨면 빨리 학교에 가려고 합니다. 학교 수업이 너무 재미있기 때문입니다. 스웨덴어 시간에는 연극공연을 통해 문학작품을 배우고, 사회 시간에는 직접 동영상을 만들기도 합니다. 올해 초 수학이 조금 뒤떨어졌지만 마야 양과 부모는 오히려 기뻐했다고 합니다. '반복학습반'에 따로 편성돼 수학 교사의 친절한 1 대 1 지도를 받을 수 있었기 때문입니다. 마야양은 이제 수학 과목에 큰 자신감이 생겼습니다. 이 같은 '자신감'과 '행복감'을 한국의 일반적인 공교육 현장에서는 기대하기 어렵습니다. 오로지 성적에 의해 순열화시키고 뒤처진 아이는 개별적으로 사교육에 의존하지 못하면, 공교육에서는 다른 교사의 도움을 받아 앞으로 나아갈 기회를 갖지도 못하기 때문에 결국 흥미도 잃고 자신감도 잃어 포기하는 단계로 접어들게 되고 맙니다.

• 유익하고 재미있는 것이 아니라 억지로 잘해야 하는 것

학교가 끝나면 흥미와 재미, 그리고 적성은 전혀 고려하지 않은 채 오로지 성적만을 위해 다람쥐가 쳇바퀴를 돌듯 사설학원을 오가는 아이들이 부지기수입니다. 우리 아이들의 학력은 세계 최고 수준이지만 과목에 대한 만족도는 모두 밑바닥 수준입니다. 2009년 학업성취도 국제비교연구(PISA)에서는 OECD국가 중 읽기·수학 1~2위, 과학 2~4위를 기록했을 정도로 높지만 공부에 대한 '자신감'과 '흥미도'에서 수학은 49개국 중 43위, 과학에 대한 자신감은 29개국 중 27

위, 흥미도는 꼴찌였습니다. 즉, 성적은 높지만 하기 싫은 공부를 억지로 하고 있는 현상이 그대로 드러나 있습니다. 이것은 우리 학생들이 학교 공부란 유익하고 재미있는 것이 아니라 억지로 잘해야 하는 것이 돼 버렸습니다.

● 암기식 교육을 멀리하고 다양성 있는 수업 필요

대학 진학률이 80%를 넘는 나라, 그러다 보니 초등학교 상급학년이 되면서부터 대학 진학을 목표로 선행학습을 시작하게 됩니다. 진학 시험만을 위한 공부를 하다 보니 밤잠을 자지 않고 문제를 반복하여 풀고, 암기를 거듭하게 됩니다. 아이들은 스트레스에 잔뜩 눌린 채 공부만 하다 사회에 나오게 되면 무엇을 어떻게 해야 할지 갈피를 잡지 못합니다. 이제까지 학교에서는 교사가, 집에서는 부모가 시키는 대로 공부만 해 왔었기 때문입니다. 이러다 보니 우리의 공교육은 □ 형태의 사람들 또는 △형태의 똑같은 사람들을 양산만 하고 있는 형편입니다. 이러한 것이 모두 암기식 교육에만 치중했기 때문입니다. 이제 겨우 초등학교 정도에서 다양성 있는 창의 교육을 접목시키고 있지만, 교사는 물론 우리의 부모들조차 그 중요성을 잘 모르고 있기 때문에 어려움이 많습니다. 초등학교 졸업 시까지만이라도 성적에 구애받지 않는 체험 위주의 다양성 있는 학습 프로그램을 적용시켜야 합니다.

● 자율성을 기르는 현명한 부모가 되어야

부모가 세운 계획에 따라 공부를 쉬지 않고 '기계 돌리듯' 한다고 해서 창의성이 자라고 주도성이 자랄 수 있는 것은 절대로 아닙니다. 스스로 생각하고 계획을 세우는 자율성이 보장되어야만 아이들의 창의성이 자랄 수 있습니다. 물론 부모들은 아직 어린아이들에게 어떻게 자율성을 주어 마음대로 할 수 있도록 하느냐고 불안한 마음을 가질 수 있겠지만 부모의 전폭적인 믿음과 지원이 필요한 부분입니다.

대부분의 우리 부모들은 자녀들의 학습에까지 일일이 간섭하는 것이 도와주는 것이라 생각하지만, 한발 물러서 아이 스스로 목표를 정하고 즐겁게 이뤄 나갈 수 있도록 돕는 역할에 만족하는 게 좋습니다. 우리의 부모들은 부모 역할보다 교사 역할을 떠맡고 나가는 것을 더 좋아하기 때문에 아이를 멀리 보지 못하고 당장의 점수에만 급급한 것입니다. 우리 아이를 멀리 보고 행복하게 키우려는 부모가 가장 현명한 부모입니다.

주도성과 창의성을 갖게 하려면?

"아이를 망치는 부모"

대부분의 부모들은 내 자녀가 다른 아이들보다 앞서 가기를 원합니다. 그래서 아이의 적성이나 발달 수준은 생각하지 않고 일찍부터 가르치려 합니다. 그러나 자기 자녀를 직접 가르치는 것처럼 어려운 것은 없습니다. 부모가 학습을 가르치기 시작하는 순간부터 아이 앞에 하나둘씩 장애물들을 쌓기 시작하는 것입니다. 아이는 힘이 없어 깨트리고 나아가지 못하기 때문에 아무리 가르쳐도 주도성을 가질 수 없는 사람이 되고 마는 것입니다.

● 기다려 주고 흥미를 갖도록 유도

부모는 항상 다급합니다. 다른 아이보다 하나라도 일찍 더 많이 가르치고 싶어 합니다. 저연령의 아이는 학습뇌가 발달하고 있지 않기 때문에 제대로 따라갈 수가 없고 결국 엄마의 짜증이 아이를 소극적 성격으로 만들고 맙니다. 아이들은 흥미가 있어야 집중하고 목표 달성을 위해 스스로 노력을 하게 됩니다. 아이가 무엇인가 하고 있을 때 또 다른 것들을 지시하지 말아야 합니다. 만화를 보고 있는데 공부하라 채근하여 결국 책을 들여다본다 해도 마음속에는 이미 짜증이 자리하고 엄마에 대한 부정적 마음이 가득하게 됩니다. 계속되는 잔소리는 아이들을 무기력하게 만들고 불만과 함께 스트레스를 잔뜩 갖게 하는 일입니다.

● 야단치거나 윽박지르지 말아야

부모가 볼 때 아이는 생각 없이 행동하는 것으로 보이기 때문에 늘 실수투성이고 그것을 고치기 위해 야단을 치게 됩니다. 또 다른 아이와 비교해서 학습이 느릴 경우 더욱 윽박지르게 됩니다. 부모와 아이의 시각차는 매우 큽니다. 아이는 발달 수준에 따라 자신의 생각 속에서 행동하기 때문에 부모의 틀에 넣지 말아야 합니다. 야단을 많이 맞거나 윽박지름을 많이 받은 아이는 스스로의 잘못을 깨닫기보다는 부모에 대한 불신이 더 커지기 때문에 자라면서 부모와의 대화가 단절되는 결과를 가져오고, 학습에 대한 흥미도 상실하게 됩니다. 아이의 두뇌 속에는 무엇을 해도 야단을 치는 부모의 모습이 무의식적으로 강하게 자리하기 때문입니다. 따라서 야단을 치기보다는 왜 실수를 하게 되었는지, 어떻게 해야 실수를 하지 않거나 잘할 수 있는지를 알게 하는 것이 좋습니다.

● 부모는 교사가 아닙니다

대부분의 엄마들은 스스로가 아이를 잘 가르칠 수 있다고 생각합니다. 엄마는 객관성을 갖고 아이를 가르칠 수가 없습니다. 내 아이이기 때문에 화도 내고 때리기도 합니다. 아이는 엄마 옆에만 앉아도 주눅이 듭니다. 우리 뇌에는 '편도'라는 것이 있습니다. 가장 큰 역할은 위험상황 등의 경험을 통한 경각심을 느끼게 하는 것입니다. 즉, 교통사고를 당할 뻔한 경험이 있는 사람은 편도가 그 상황을 기억하고 비슷한 상황이나 환경이 조성되면 활성화되어 대비할 수 있도록 합니다. 무서운 것과 맞닥뜨리면 움츠러드는 것도 같은 이유입니다. 엄마가 매일 몇 시간씩 옆에 아이를 앉혀 놓고 꾸중과 더불어 높은 목소리로 가르쳤습니다. 그런데 밖에서 놀다 시간이 되어 집에 들어와서 엄마와 마주친 아이는 자신도 모르게 편도가 활성화되고 있었습니다. 엄마 앞에서 자신도 모르게 위축되고 경계를 하게 되는 것입니다. 따라서 엄마가 가르칠수록 아이의 주도성은 멀어집니다. 엄마는 교사가 아닙니다. 가르치기보다는 자녀의 발달수준에 따른 체험적

구조를 이해하고 다양한 경험과 학습을 할 수 있는 환경을 만들어 주
는 것이 더 중요합니다. 아이의 발달과 적성을 무시하고, 엄마의 욕심
과 비교우위에 따라 과도한 학습지를 통해 맹목적 주입식 교육을 시
키는 것은 결국 아이에게 반항장애나 정서장애를 유발시킬 수 있는
환경을 엄마가 만들어 주고 있는 것입니다. 많이 가르치는 것이 중요
한 것이 아닙니다. 선행학습이 중요한 것이 아닙니다. 아이에게 생각
할 수 있는 힘을 키워 주고, 자존감을 바탕으로 한 자신감을 갖게 하
는 것이 무엇보다 중요한 시대입니다.

21세기 아이의 성공조건

"가변적 자극을 받을 수 있는 환경의 제공"

'개천에서 용 난다'라는 말이 사라진 지 오래입니다. 이제는 아이의 성공조건에 어떤 부모를 만나느냐가 첫 번째로 자리하게 되었습니다. 그만큼 부모의 역할이 커졌습니다. 아울러 객관적인 입장에서 기본생활습관을 바탕으로 한 교육을 제공하는 교사를 만나는 것도 매우 중요합니다. 그러나 아무리 좋은 부모와 좋은 교사를 만났다 할지라도 그 밑바탕이 되는 끊임없이 가변적인 자극을 줄 수 있는 환경을 제공받을 수 없다면 아무런 소용이 없습니다. 아이들은 끊임없는 자극을 통해 인지-사고-행동을 하며 생각을 키워 나가기 때문입니다.

엄마의 네 가지 유형을 살펴보면 다음과 같습니다.

● 현명한 엄마

현명한 엄마는 자신의 아이를 우선적으로 잘 살핍니다. 발달사항과 성품, 그리고 현재의 가정환경을 고려하여 아이의 특성에 맞게 보육과 교육을 제공하려 합니다. 이 현명한 엄마들의 특징은 주변 엄마들의 경쟁심리 또는 비교우위에 따른 욕심에 휘말리지 않고 멀리 내다보며 자녀를 양육하기 때문에 선행학습보다는 다양한 체험적 경험을 중요시 여깁니다. 그리고 자녀의 발달 수준에 따라 체계적 학습을 제공합니다.

● 죄 많은 엄마

죄 많은 엄마들이 갈수록 많아지고 있습니다. 아이에 대해서 잘 알고 어떻게 해 주어야 한다는 것을 잘 알고 있지만 일 때문에 제대로 신경 써 주지 못해 늘 미안해하는 엄마들입니다. 이 엄마들은 바쁜 와중에서도 틈을 내어 잠깐씩이라도 아이들과 함께 하며 이해하려하고, 오랜 시간 함께 하지 못한다는 죄책감 때문에 더욱 사랑하는 마음으로 대하려 합니다. 그러나 간혹 반대적인 상황도 나타납니다. 엄마가 집에 오기 전까지는 아이와 어떻게 시간을 보낼 것인가에 대해 계획도 세우고, 더 잘해 주어야겠다는 다짐을 했는데, 막상 집에 들어오니 아이가 집안을 엉망진창으로 해 놓고 숙제조차도 하지 않은 채 놀기만 했다는 것을 아는 순간 더 화를 내며 아이에게 야단을 칩니다. 엄마의 그 화난 마음속에는 자신이 남들과 같이 아이와 많은 시간을 보내지 못하고 있기 때문에 이러한 일이 벌어지고 있다는 것에 대한 속상함도 많이 내재되어 있습니다. 이처럼 집에 돌아와 아이의 행동을 보고 화를 내는 엄마들은 실은 자신의 처지에 대한 화가 거의 대부분이기 때문에 마음을 다잡고 가능하면 아이에게는 화를 내지 않아야 합니다. 오히려 적은 시간이지만 남들보다 더 많은 사랑을 주겠다는 마음으로 행동하는 것이 아이에게 훨씬 긍정적으로 작용을 하게 됩니다.

● 엄마 아닌 엄마

엄마 아닌 엄마는 아이에게 가장 힘든 엄마이기도 합니다. 내가 낳은 자녀지만 아이에게 관심을 두지도 않고 신경도 안 쓰는 엄마이기 때문입니다. 부모와 함께 살지만 생활의 궁핍함으로 인해 아이에게 신경을 쓸 겨를이 전혀 없는 가정에서 살고 있는 아이들, 가정의 해체로 조부모와 함께 사는 아이들, 생활고 또는 가정 문제로 인해 버려진 아이들, 일상의 생활조차도 함께 하기 어려워 자녀 교육에 대한 정보를 얻기 힘든 다문화 가정의 아이들. 이들의 공통점은 엄마들이 제 역할을 하지 못하고 있다는 것입니다. 실제로 부모의 학력 수준에 따라, 부모의 소득에 따라 자녀의 수능 점수가 20점 이상 차이가 난다는 연구결과가 나오기도 해서 충격을 주고 있습니다. 개천에서 용 나기 어려운 시대인 것만큼은 틀림이 없지만 부모가 자녀에게 조금만 더 관심을 갖는다면 우리 아이가 소외받는 일은 없을 것입니다.

하지만, 아이에게 관심을 두지 않는 부모들에 대해서 긍정적인 부분도 없지 않습니다. 이유야 어쨌든 아이에게 일일이 관여하지 않기 때문에 아이가 스스로 알아서 잘하기도 하며, 이런 부모 밑에서 자란 아이들이 오히려 사고력과 창의력이 좋아지는 경우가 의외로 많기 때문입니다. 대개 엄마들이 첫째 아이에게는 굉장한 의욕을 갖고 많은 것을 계획하고 학습 프로그램들을 제공하게 됩니다. 이처럼 첫째 아이에게 신경을 쓰다 보면 둘째는 본의 아니게 내버려 두게 되는데, 엄마의 손길이 덜 닿은 둘째가 첫째보다 훨씬 더 나은 경우가 바로 여기에 해당됩니다.

● 막가파 엄마

사실 가장 문제가 많은 엄마들입니다. 아이의 발달 수준은 아예 신경도 쓰지 않음은 물론이고 내 아이에 대해서도 잘 알지도 못하면서 무작정 열심히 시키기만 하면 된다고 생각하는 엄마들입니다. 우리나라 교육의 가장 큰 병폐가 여기서 나옵니다. 아이는 하기 싫다는데 무조건 밀어붙이는 엄마들 때문에 생겨납니다. 이 엄마들은 아이를 정확하게 진단하지 않은 채 마구잡이로 처방을 내립니다. 옆집 아이가 1학년 수학을 선행학습하면 내 아이도 무조건 똑같이 해야 한다고 생각합니다. 그렇게 하지 않으면 큰일 나는 줄 압니다.

또한 이 엄마들이 가장 흔히 범하는 잘못된 처방은 아이에게 부족한 과목을 그냥 열심히, 그것도 많이 시키는 것입니다. 그렇게만 하면 모든 것이 다 해결되리라 생각합니다. 그러나 아이의 특성을 무시한 교육은 아이의 사고력을 떨어뜨리고, 창의성마저 죽이는 결과를 초래합니다. 예를 들어, 부모들은 아이가 수학에 약하면 저학년 때부터 수학 공부를 많이 시킵니다. 그러면 보완될 것이라고 기대하는 것입니다. 그러나 실제로 결과는 정반대로 나타나는 경우가 대부분입니다. 학년이 올라갈수록 수학도 잘 못할 뿐만 아니라 주도성과 창의성마저 죽어가는 것을 부모들은 뒤늦게야 확인하게 되는 것입니다.

뿐만 아니라 이 엄마들은 내 아이를 다른 아이와 비교를 통해 부족하면 꾸지람과 함께 아이를 몰아칩니다. 앞에서도 언급했지만, 아이의 발달 상황에 따라 양육하는 것이 아니라 히스테리적인 모습을 보이며 객관적이지 못하고 무원칙 속에서 교육으로만 일관하는 부모의 변덕스러운 양육 태도가 문제입니다. 이런 부모들은 부모 스스로의 감정통제가 우선적으로 이루어져야 하며 양육 기준을 정하고 다른 아이와의 비교, 잔소리를 없애야 합니다. 그리고 아이 스스로가 소화할 수 있는 만큼의 학습을 제공하고 결과보다 과정을 중시하며 칭찬하고 또 칭찬하는 습관도 부모 자신이 가져야 합니다. 아이들은 흥미가 있어야 집중하고 하려 합니다. 아이가 어렸을 때 어떻게 교육받았느냐에 따라 아이의 미래가 결정됩니다. 따라서 아이의 특성에 맞게 교육하는 것이 무엇보다 중요한 것입니다.

교사의 네 가지 유형을 살펴보겠습니다.

● 외길형

　오로지 주어진 교과에 따라 가르치는 교사입니다. 아이들에게 가르치는 모든 것을 진도에 따라 나아가기만 합니다. 즉, 자신의 틀을 벗어나려 하지 않습니다. 그렇기 때문에 저연령의 아이들은 자유롭게 발상되는 자신의 생각들을 말하기가 어렵습니다. 주제에 맞지 않으면 교사가 제어하기 때문입니다. 많은 유아교육기관들에서는 연중 교육계획안을 세워 놓고 그 단원에 맞는 프로젝트 수업이라는 것을 하고 있습니다. 예를 들어, 이번에 배울 단원이 '교통기관'입니다. 아이들이 교통기관에 대해 이야기를 나누다 우주 공간에 대해 관심을 표명하기도 하고 외계인에 대해서도 관심을 드러냅니다. 그러면 교사는 제어시킵니다. 나가야 할 진도와 맞지 않는 단원이기 때문이라는 이유입니다. 이처럼 가르치는 것에 있어서 융통성이 없는 교사는 행동에 있어서도 많은 제어를 하기 때문에 아이들이 스트레스가 가중되는 것은 물론이고, 주도성과 창의성을 키워 나갈 수가 없습니다. 앞에서도 언급했지만, 이러한 교사들은 자신의 틀을 벗어나려 하지 않으면서 가르치기 때문에 "안 돼!", "하지 마" 하는 부정적 단어를 많이 사용하고 자신의 눈 밖에 나는 아이들은 감싸 안으려 하지 않습니다. 따라서 이러한 교사가 가르치는 반은 외형적으로는 질서가 있게 보이겠지만 실제로는 아이들에게 상당한 부담과 스트레스로 작용하게 되는 것입니다.

● 카멜레온형

의외로 이러한 교사가 많습니다. 부모들은 유아교육기관이나 학교에서 교사들과 함께 오랜 시간 있을 수가 없기 때문에 잠깐 보는 것이 전부일 수 있습니다. 교사들 중에서는 선생님들과의 관계가 원만치 않으면서도 원장님 앞에서는 아주 열심히 하며 순종적인 모습을 보이고, 학부모들과의 상담 중에도 정말 아이에게 깊은 관심을 갖고 있으며 사랑으로 보살피고 있다는 모습을 보입니다. 그러나 아이 앞에서는 다른 행동을 보이기가 일쑤입니다. 한 아빠가 유아교육기관에 아이를 데려다 주었습니다. 밖에서 담임선생님을 만났는데 아주 친절하게 안내를 했고 상냥한 말과 함께 아이 손을 잡고 안으로 들어갔습니다. 밖으로 나오던 아빠가 잊어버린 것이 있어 다시 안으로 들어가려다 멈칫했습니다. 자기 아이가 신발장 앞에서 선생님에게 신발을 제대로 정리하지 못한다고 야단을 맞고 있었던 것입니다. 아빠는 들어가려던 발걸음을 돌렸고 그날로 아이를 퇴원 조치했다고 합니다. 부모 앞에서 보였던 그 친절과 상냥함이 가식으로 보였기 때문이었습니다.

● 스트레스형

아이들을 교육함에 있어서 늘 짜증 섞인 말투로 전달하는 교사가 있습니다. 유아들임에도 불구하고 큰 아이들을 대하듯이 거의 경직된 표정과 화난 모습으로 지시하고 명령합니다. 아이들은 교사가 명령하기 때문에 모든 것을 실수 없이 하려 애를 쓰지만 스스로 하는 것이 아닙니다. 가장 감수성이 예민하고 감성적 두뇌발달이 왕성하게 이루어지는 시기에 가정이나 유아교육기관 또는 학교에서 이와 같은 환경에 노출된다면 두뇌 속의 신경전달물질인 아세틸콜린, 도파민이나 세로토닌 등의 활성화가 막히게 되고 오히려 놀람이나 분노의 신경전달물질인 노르아드레날린이 방출됩니다. 이러한 결과로 유아기부터 행동장애로 인한 운동신경이 무뎌지는 것은 물론이고 기억력 장애도 발생하게 되기 때문에 가정에서도 부모들이 짜증 섞인 음성으로 아이들을 윽박지르는 일이 있어서는 안 되겠습니다. 유아 시기에 받은 스트레스는 유아 스스로가 알지도 못하고 풀지도 못하기 때문에 초등학교 2, 3학년 즈음하여 학습 증후군이나 불안장애, 반항장애와 정서장애로 나타나기도 합니다.

반항장애와 정서장애는 만 3세부터 초등학교시기에 발병하는데 부모나 교사 등 어른의 권위에 순종치 않는 특성을 갖고 있습니다. 이런 아이들은 꾸지람 듣는 것을 참지 못하고 싫은 소리를 들으면 누구에게나 대들기 일쑤입니다. 결국 어른들을 무서워하지 않고 문제 행동을 자주 보이며 추후 사회성 장애와 학습장애를 보이게 되는 것입니다.

● 도우미형

아이에게 가장 필요한 교사입니다. 무엇을 하든 아이의 특성에 맞게 이끌어 주려 노력하며 그 모든 것의 바탕에는 사랑을 깔아 둡니다. '하지 마', '안 돼' 소리를 하지 않으며 아이가 무엇을 하든 그 이면에는 어떤 이유가 있다 생각하고 아이의 생각을 물어 스스로 알게 합니다. 자신이 알고 있는 지식을 아이에게 전달한다는 전달자 역할을 하는 것이 아니라 아이와 함께 알아 간다는 소신을 갖고 있습니다. 아직 행동도 생각도 부족한 아이들이기 때문에 무엇이든 해 보이며 아이 스스로 따라 할 수 있도록 제시합니다. '왜 그렇게 되었을까?' 하는 의문의 질문을 자주 하여 함께 해결해 나가는 과정을 통해 아이들의 다양한 생각을 이끌어 내고 아이들 스스로 해결책을 찾도록 합니다. 또한 작은 일에도 칭찬을 아끼지 않으며 또래와의 관계를 중요시여겨 상대의 말을 듣고 자신의 생각을 적극적으로 표현할 수 있도록 방법론도 제시하여 관계성을 향상시키는 데도 주력합니다. 이러한 교사가 바로 유아의 바른 길잡이가 되는 것입니다.

유아의 발달과정

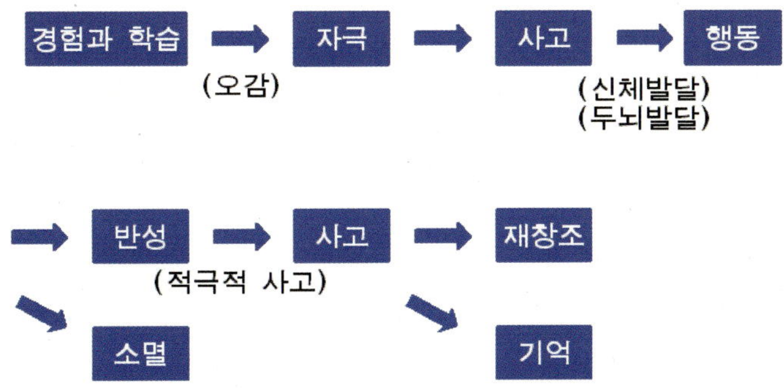

"유아의 발달 과정을 통한 두뇌교육"

대부분의 부모들은 유아의 발달과정을 무시한 채 많은 학습을 제공하면 학습적인 부분이 빠르게 성장할 수 있다고 생각합니다. 그러나 항상 지적하는 것이지만, 유아의 발달과정에 맞춘 경험과 학습이 매우 중요합니다. 유아들은 다양한 경험활동을 하는 중에 오감(시각, 청각, 촉각, 미각, 후각)을 통해 자극을 받습니다. 유아들이 무의식적으로 행동하는 것 같아도 활동 중 받은 자극을 통해 생각하고 행동으로 옮기게 됩니다. 행동을 잘했을 때는 성취감을 얻고, 실수를 했을 때는 그것을 통해 새로운 방법을 알아내기도 하면서 성장해 나가는 것입니다.

● 신체발달과 두뇌발달

만 3세의 유아를 살펴보면, 대부분의 가정에서는 아직까지 아기로 취급하고 있습니다. 신체의 발달도 미숙한 상태이지만 생활에 있어서도 스스로 할 수 있는 부분이 많지 않기 때문에 아직까지는 부모의 손길을 많이 필요로 하기 때문입니다. 우리가 생각하고 행동하고 느끼는 모든 일상 활동은 전적으로 우리의 뇌에 의해서 이루어집니다. 만 3세부터 만 5세 유아들의 두뇌는 아직 각 부위가 성숙되어 있지 않아 두뇌 회로가 엉성하게 연결되어 있는 상태입니다. 다시 말해서 신체발달도 미숙한 상태이지만 두뇌의 각 부위가 학습을 받아들일 만큼 완성되어져 있는 상태가 아니라 지금 한창 가장 기초적인 부분이 발달되어지고 있는 상태라는 것입니다. 그런데도 불구하고 유아들의 두뇌 모든 부위가 완전하게 성숙되어 잘 만들어진 어른들의 두뇌처럼 가르쳐 주기만 하면 어떤 내용이라도 모두 잘 받아들일 수 있는 것처럼 아무 내용이나 무차별적으로 교육시키고 있는 현실이 안타까운 것입니다.

● 발달 과정에 따른 두뇌발달과 학습

우선 학습이란 것에 대해 생각해 보아야 합니다. 유아들에게 있어서 학습이란 책이나 어떤 프로그램을 통해 배우는 학문이 아닙니다. 경험을 통해 스스로 깨닫고 알아 나가는 것이 유아의 학습입니다. 만 9세 이후가 되면 어떠한 학문을 시켜도 충분하게 받아들일 수 있지만, 만 3세에서 만 5세의 유아, 그리고 만 8세까지의 아동들에게는 발달 과정에 맞는 놀이와 경험을 통한 학습이 매우 중요합니다. 우리가 아기를 키울 때 이유식을 하는 시기에는 어른들이 먹는 고기나 생선회를 먹이지 않습니다. 마찬가지로 두뇌 회로가 제대로 연결되지 않은 상태에서의 강압적인 선행학습은 독이 될 수 있습니다. 부모가 강압적으로 시키면 유아는 싫더라도 할 수밖에 없습니다. 대부분의 부모는 그러한 것들이 아이의 미래를 위한 것이며 부모라면 당연히 해야 할 역할이라 생각하고 있습니다. 그러나 그것이 아이의 주도성과 창의성을 막는 가장 큰 장애물이라는 것을 깨달아야 합니다.

● 참고 기다려 주는 부모가 되어야

흔히들 유아의 두뇌는 그림을 그리는 대로 나타나는 하얀 도화지와 같아서 무엇을 가르쳐 주어도 그대로 받아들인다는 생각을 갖고 있습니다. 그렇기 때문에 하루라도 빨리 교육을 시작하는 것이 좋다며 교육 사업을 하는 업체들이 매스컴을 통해 각종 교육 프로그램을 소개하고는 하는데 이것은 정말 위험한 일이 아닐 수 없습니다. 말 그대로 백지 상태와 같아 학습을 받아들일 수 없는 두뇌를 갖고 있는 유아들에게 이것저것 교육 프로그램을 통해 학습을 시킨다는 것은 앞에서도 언급했듯이 유아의 뇌를 혹사시키는 것이며, 결국 두뇌발달은 고사하고 스트레스만 잔뜩 주어 멀지 않아 오히려 학습 부진아가

되는 것은 물론이고 각종 증후군과 학습장애, 반항장애 등의 증세들
이 나타나게 될 것입니다.

　두 엄마가 있습니다. 아파트 같은 층에 살고 있었는데 우연히도 같
은 시기에 아이를 낳게 되었습니다. 두 엄마는 서로 자신의 아기들에
게 최선을 다하며 열심히 양육합니다. 1년이 지나면서 A엄마의 아기
가 걷기 시작했지만, B엄마의 아기는 아직도 엉덩이로 밀고 다닙니
다. A엄마는 자신의 아기가 옆집 아기보다 일찍 걷기 시작했다는 것
에 대해 매우 만족스럽고 의기양양해하지만, B엄마는 같은 시기에 태
어났는데도 걷지 못하는 아기를 볼 때마다 짜증이 나고 화가 나는 것
은 물론이고 이러다가는 옆집 아기보다 늘 뒤처지는 것은 아닐까 하
는 생각에 불안해하기도 합니다. 그래서 생각한 것이 엄마가 직접 아
기가 빠르게 걸을 수 있도록 훈련을 시켜야겠다는 것이었습니다.

　B엄마는 매일 몇 차례씩 시간을 정해 놓고 아기의 걸음을 연습시
켰습니다. 그러한 며느리를 보신 시어머니께서 아기 아빠도 늦게 걸
었기 때문에 조금 기다리면 잘 걸을 수 있을 거라며 말렸지만, 아기
엄마는 조급함 때문에 기다릴 수가 없었습니다. 그렇게 연습을 시켰
더니 마침내 아기가 걷기 시작했습니다. 엄마는 만족스러웠습니다.
하지만, 다시 옆집 아기와 비교해 보았더니 내 아기가 나은 것이 없
었습니다. 저 아기보다 더 앞서가기 위해서는 뛰는 것은 먼저 해야
한다고 생각했습니다. 그래서 또 훈련을 시키기 시작했습니다. 시간
이 흘러 B엄마의 아기는 이제 마구 뛰어다니게 되었습니다. A엄마의
아기를 보니 아직 뛰지는 못하고 걷기만 합니다. 그제 서야 B엄마는
만족감을 느꼈습니다. 그리고 생각했습니다. 역시 엄마가 어떻게 교

육을 시키느냐에 따라 아이가 달라진다고 말입니다. 세월이 흘러 초
등학교에 입학을 하게 되었습니다. 입학식 날 A엄마가 아이의 손을
잡고 학교에 가려고 나서는데 B엄마가 아이를 업고 나오는 것을 보
았습니다. 어찌 된 일이냐고 묻자 아이의 다리뼈가 이상이 생겨 잘
걸을 수가 없어 어쩔 수 없이 업고 간다는 것이었습니다. 아기 때 반
강제로 무리하게 걷고 뛰게 했던 것이 원인이었습니다.

　조금 비약적인 예를 들었지만, 유아들은 연령에 따라 그 발달 수준
이 다릅니다. 신체발달과 더불어 두뇌발달도 그 시기가 있는 것입니
다. 이러한 것들을 모두 무시한 채 강압적인 학습에 노출된 유아들은
뇌 발달에 큰 지장을 초래할 뿐만 아니라, 하기 싫은 것을 엄마가 시
키기 때문에 억지로 하다 보니 그 억눌려진 감정과 본능의 뇌는 메말
라지게 되어 문제아로 성장될 수도 있다는 것입니다. 우리 아이를 잘
키우려면 옆집 엄마를 만나지 않으면 된다는 말이 있습니다. 옆집 엄
마가 우리 아이는 학원을 몇 개 다니고, 무슨 선행학습을 하고, 어떤
선생님이 집에 오고…… 하는 등의 이야기를 듣게 되면 당장 우리 아
이가 매우 뒤처진 것 같은 생각을 하게 됩니다. 그러다 보니 그렇게
하지 못하는 우리 형편을 생각하고 남편을 원망하고, 공부는커녕 놀
기만 좋아하는 아이를 보면 괜히 짜증이 나고 화가 나 큰소리를 치게
되고 매를 들게 되는 것입니다.

　우리의 두뇌는 사람마다 다르기 때문에 각기 학습하는 능력, 지능
과 성격이 모두 다릅니다. 특히 만 5세 이전의 유아들은 학습을 할 수
있는 좌뇌의 기능이 제대로 형성되지 않은 상태이기 때문에 단순학
습을 무차별적으로 적용하기보다는 학습할 수 있는 뇌의 기능이 잘
발달될 수 있도록 하는 것이 무엇보다 중요합니다. 그릇도 준비되지

않았는데 음식을 떠 주는 것과 같은 이치입니다. 현명한 부모는 내 아이의 미래를 위해 멀리 보고 행복하게 키웁니다. 현명한 부모는 조급해하지 않고 내 아이를 천천히, 그리고 느리게 키웁니다.

두뇌 발달 교육의 목표

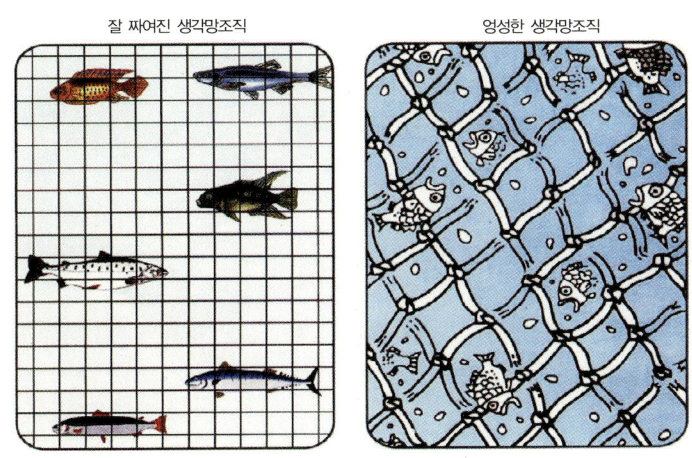

"주도성과 창의성, 튼튼한 생각망 조직"

대부분의 사람들은 두뇌발달 교육이 무엇인지 잘 알지 못합니다. 두뇌를 떠올리면 교육보다는 의학적인 부분이 먼저 생각되기 때문입니다. 그러나 우리의 부모들이 자녀에게 그렇게 애쓰고자 하는 모든 교육도 두뇌에 의해 이루어집니다. 따라서 공부를 잘하기 위해서 우선적으로 선행되어야 할 것이 바로 두뇌 기능의 고른 발달과 두뇌 세포의 튼튼함입니다. 위 그림에서 보듯이 물고기를 잡을 수 있는 그물이 바로 두뇌의 망입니다. 그 속에 들어 있는 물고기가 바로 부모들이 자녀에게 그렇게 넣어 주고 싶어 하는 국어, 수학, 영어 등의 소프트웨어입니다.

● 주도적인 아이로의 성장을 목표로 하라

두뇌발달을 위한 교육은 일반 교육과 커다란 차이가 있습니다. 일반 교육이란 말 그대로 학문을 말합니다. 특히 초등학교에 입학하고부터는 벌써부터 대학입시라는 목표를 세워 놓고 그 목표를 달성하기 위해 인성교육은 외면한 채 학문적인 교육에만 전념하게 됩니다. 그러다 보니 기본생활습관을 위시한 모든 인성적인 교육은 그 이전에 완성시켜야 하는 시대가 되었습니다. 그런데 그보다 더 중요한 것은 아이 스스로 할 수 있는 습관입니다. 만 8세 이전까지 아이에게 제공된 환경과 생활, 습관이 그 아이의 성격으로 자리하기 때문입니다. 이때까지 주도성을 갖지 못하면 평생 갖지 못하는 경우가 대부분입니다. '세 살 버릇 여든까지 간다'는 말이 더욱 실감나는 세대가 되어 버린 것입니다. 학습이든 행동이든 목표 의식이 뚜렷해지면서 아이 스스로 할 수 있는 주도성이 나타나는 시기는 거의 초등학교 4학년이 되면서부터라고 볼 수 있습니다. 그런데 이러한 주도성이 두뇌에 자리하는 시기는 바로 만 5세에서 7세 사이로 보는데 바로 이 시기에 제대로 된 두뇌발달을 이루도록 해야 한다는 것입니다.

현시대가 요구하는 사람은 어떤 사람입니까?

공부를 잘하는 사람, 머릿속에 든 것이 많은 사람, 외국어를 잘하는 사람, 예체능을 잘하는 사람 등등 모두가 사회에서 필요한 사람입니다. 하지만, 현시대가 요구하는 사람은 주도적인 사람 즉, 리더입니다. 주도적인 사람은 공부만을 통해서 되지 않습니다. 어떠한 사람들 앞에서라도 자신감 있게 자신의 생각과 의견을 내세워 상대를 설득시킬 수 있는 사람, 즉 주도적이면서 리더 역할을 할 수 있는 사람을 요구하고 있기 때문에 우리는 우리의 아이들을 이러한 역할을 할 수 있는 사람으로 성장시킬 수 있도록 하는 데 목표를 두어야 합니다. 이처럼 주도적이면서 리더적인 사람은 단순학습을 통해 만들어지는 것이 아니라, 다양한 두뇌교육을 통해 양쪽 뇌 기능이 균형과 조화를 이루어 잘 발달된 전뇌적인 두뇌를 갖게 될 때 만들어질 수 있는 것입니다.

● 두뇌 세포를 튼튼하게

모태에서 생성되기 시작한 두뇌 세포는 태어날 때 약 1천억 개로 더 이상 생성되지는 않습니다. 결국 살아가면서 우리가 사용하지 않는 뇌세포는 소멸되기 시작하는데 뇌세포를 잘 활용함에 따라 뇌의 가소성은 나타날 수 있습니다. 그러나 유아 시기에 가장 필요한 것은 두뇌 세포를 튼튼하게 하는 것과 많은 연결망을 갖도록 하는 것입니다. 사람은 평생 동안 생성된 뇌세포의 5~7%밖에 사용하지 못한다고 합니다. 하지만, 사용하는 뇌세포를 어떻게 얼마나 튼튼하게 유지하느냐에 따라 신체도 강건하고 공부도 잘할 수 있느냐가 결정되는 것입니다. 이 부분은 앞에서도 이미 설명을 드렸습니다만 세포와 세포 간의 연결을 나타내는 시냅스 부분이 튼튼하게, 그리고 많이 생성되어야 합니다. 그것이 바로 앞에 '잘 짜인 생각망 조직'이라는 그림입니다. 물고기 잡는 그물이 촘촘히, 그리고 튼튼하게 짜여 있다면 큰 물고기는 물론이고 많은 물고기를 담을 수 있습니다. 그러나 그물이 군데군데 끊어져 있거나 구멍이 뚫려 있다면 물고기를 제대로 잡을 수도 없을 뿐만 아니라, 물고기를 잡아넣는다 해도 모두 빠져나가고 말 것입니다. 물고기를 학문으로 보았을 때 국어, 영어, 수학 등 다양한 학습을 많은 시간과 돈을 들여 집어넣는다고 해도 그물(학문을 담을 수 있는 두뇌의 용량)이 엉성한 상태에 있다면 아무 소용이 없다는 말입니다. 그렇기 때문에 유아 시기에는 두뇌 세포가 튼튼하고 많은 연결망을 갖도록 하여 장차 학습을 시작했을 때 그것을 담을 수 있는 두뇌의 용량을 키우는 것이 바로 두뇌교육의 목표가 되는 것입니다.

● 두뇌교육 프로그램을 통한 적기 발달

사실 두뇌교육이 어려운 것은 쉽게 눈에 보이지 않기 때문입니다. 우리의 학부모들은 무엇인가 교육 프로그램을 제공했을 때는 그 결과가 빠르게 나타나기를 원합니다. 그러나 만 3세부터 5세까지 행하는 두뇌교육의 결과는 거의 초등학교 3학년이 되어 나타나기 시작합니다. 그렇기 때문에 일반적인 학부모들은 두뇌교육의 결과에 대해 확신하기는 매우 어렵습니다. 필자는 십여 년 전부터 초등학교 1학년부터 3학년까지의 아동들에게 두뇌발달을 위한 프로그램을 제공하며 두뇌교육을 시행하고 있습니다. 해마다 유치원을 졸업하고 초등학교에 입학하는 아이들을 30여 명씩 신입생으로 받아들였습니다. 한 번 입학하면 그만두는 아이들은 있을지언정 중간에 들어오는 일은 없도록 했습니다. 그리고 두뇌교육을 받는 동안 다른 일반 학원에는 가지 못하도록 했습니다. 처음에는 부모들이 매우 불안해한 것이 사실이었습니다. 그러나 3학년을 마치고 4학년이 되면서부터 아이들이 두각을 나타내기 시작했습니다. 일반 학원을 다닌 적이 없는 아이들인데도 모든 과목에서 상위권은 물론이고 아주 강한 주도성을 보인 것입니다. 특히 자기 주도적인 학습 능력이 뛰어나 부모가 간섭하는 일이 거의 없어졌습니다. 그러한 결과를 눈으로 확인한 부모들이 두뇌발달 교육의 중요성을 알게 되었고 그 시기에는 반드시 해야 한다는 인식을 갖게 되었던 것입니다.

우리의 두뇌에는 좌뇌 기능의 추상력·언어사고력·어휘력·수리력·추리력·논리력 등과 우뇌 기능의 협응력·공간사고력·관찰력·이미지사고력·지각속독력·시각적 통찰력 등의 다양한 기능들이 있습니다. 그런데 이 모든 기능이 무조건 두뇌발달 프로그램을 제공하여 교육한다고 해서 발달하는 것이 아니라 연령에 따라 각기 발달하는 시기가 다르다는 것입니다. 그렇기 때문에 제 연령에 맞게 두뇌 기능을 발달시키는 것이 무엇보다 중요합니다. 예를 들어 협응력은 만 3세부터가 가장 많은 발달이 시작되지만, 공간사고력 같은 경우는 만 6~7세 사이에 가장 발달하는 기능입니다. 만약 만 3세에 엄마가 아이에게 한글, 수를 가르치느라 협응력을 등한시했다면 아이는 연령이 높아지면서 손의 움직임이 느리고 교사가 가르쳐도 따라 하기 어려운 모습을 보이게 될 것입니다. 그러나 그 시기에 적절한 자극과 함께 두뇌 기능의 발달 프로그램을 제공하면 두뇌 기능이 더욱 강하게 자리하고 잘 발달한다는 것입니다. 우리가 수학이나 영어는 젊어서 배우지 못했다면 나이가 들어서도 얼마든지 배울 수 있습니다. 하지만, 두뇌는 그 발달 시기를 놓치게 되면 평생 발달되지 못한 채로 살아가야 합니다. 그렇기 때문에 두뇌발달의 시기에 따라 그 기능을 발달시켜 주는 것이 매우 중요합니다.

두뇌발달을 위한 교육의 가장 기본은 칭찬과 격려, 그리고 흥미와 재미입니다. 아울러 제 시기에 맞춰 균형과 조화로운 발달이 이루어지고 학년이 올라가면서 주도성과 창의성은 물론이고 자기 주도적인 학습을 할 수 있도록 하는 것이 두뇌발달 교육의 근본적인 목표입니다.

대뇌의 구조와 기능 1

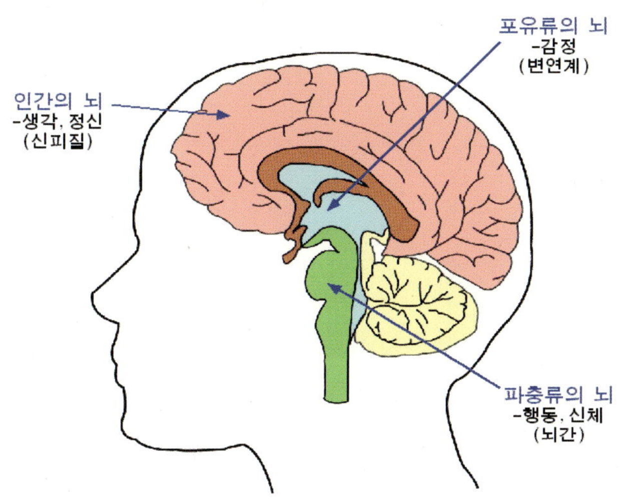

"삼위일체의 뇌"

이제 본격적으로 뇌의 구조와 기능을 알아보겠습니다. 사람의 두뇌는 1,300~1,400g의 무게로 그중 물이 78%를 차지하고 있으며, 지방이 10%, 단백질이 8%를 차지하고 있습니다. 고도의 복잡한 작용을 수행하는 두뇌는 신체기관 중 가장 많은 에너지를 활용하여, 체중의 약 2%밖에 되지 않으면서도 신체가 소모하는 에너지의 약 20%를 소모합니다. 우리의 두뇌 피질은 펼쳐 놓으면 신문지 한 면 크기의 표면적밖에 안 되지만, 무궁무진한 창조력과 상상력을 발휘해 오늘날의 문명을 이룩했습니다.

인간의 뇌는 기능을 중심으로 파충류의 뇌인 뇌간(Brain stem), 포유동물의 뇌인 변연계(Limbic system), 인간의 뇌인 피질(Cortex) 등으로 크게 세 층으로 나뉘는데 각각 다른 진화 단계의 특징을 보여 주고 있습니다. 각 층은 서로 정보 전달을 하면서도 기능상 상대적으로 독립되어 있고, 서로의 영역을 함부로 넘나들지 못하도록 몇 겹의 안전장치를 갖추고 있습니다. 이는 기본적으로 생명 그 자체를 보호하기 위한 목적에서 형성되고 발달된 것입니다. 이를 삼위일체의 두뇌(멕클린의 삼위일체 두뇌이론)라고 합니다.

● 파충류의 뇌(뇌간)

우선 맨 아래쪽 층은 일명 '파충류의 뇌'라 불리는 뇌간으로 진화 과정에서는 가장 오래된 부위입니다. 뇌간은 주로 자율기능을 담당하며, 생존을 위해 필요한 기능을 무의식적으로 조절합니다. 즉, 호흡과 소화, 순환계 및 생식계 등 주로 기본적인 생명 기능을 관장합니다. 우리가 호흡, 심장 박동 및 혈압을 의식적으로 조절하게 된다면 우리의 생활이 어떨지 상상이 되기 때문에 뇌간의 무의식적인 작용이 필요한 이유를 쉽게 알 수 있을 것입니다. 만일 우리가 이러한 것들을 모두 의식해야 한다면 아무 일도 할 수 없을 것입니다. 뇌간은 뉴런과 섬유질로 구성된 네트워크인 망상체를 통해 이러한 일들을 수행합니다.

망상체는 우리 몸 전체에서 오는 정보를 받으며, 우리의 신체가 움직일 때마다 변화에 반응하여 심장박동, 혈압 또는 호흡을 적절히 조절합니다. 또 눈동자의 움직임, 동공축소, 얼굴표정, 타액분비 및 맛을 조절하는 세포들이 포함되어 있는데 이러한 망상체는 출생 당시 이미 상당히 성숙한 상태이고, 신생아의 뇌간도 심장박동, 혈압 및 호흡을 조절하는 기능을 완벽하게 수행합니다. 또 한 가지 뇌간의 중요한 역할은 여러 가지 화학물질을 생성하는 것입니다. 이런 화학물질은 두뇌의 다른 모든 부위로 널리 투사됩니다. 쉽게 말해서 우리가 음식을 먹을 때 씹는 감촉과 맛을 느끼면서 그 느낌에 대해 좋다 나쁘다 판단하는 동안은 대뇌피질(신피질) 관리 영역이지만, 그것이 식도를 통과하는 순간부터는 뇌간의 관리영역으로 들어갑니다. 신피질의 판단과는 무관하게 뇌간은 음식물을 소화하고, 영양분을 흡수해 그것이 살이 되고 피가 되는 과정을 관리하는 것입니다.

● 포유동물의 뇌(변연계)

변연계는 대뇌피질과 뇌간의 중간에 있는 기억과 감정, 그리고 호르몬을 조절하는 중앙부로 포유동물에서 가장 잘 발달되어 있기에 '포유동물의 뇌'라고 불리는 것입니다. 포유동물들이 꼬리를 흔들어 애정 표시를 하거나, 흥분과 두려움으로 울부짖거나 으르렁거리며 움츠릴 수 있는 것도 이 변연계가 잘 발달된 덕분입니다. 포유동물은 이 변연계에 해마와 편도핵이 있어서 파충류와는 달리 학습기능과 기억기능을 가지고 있습니다. 따라서 변연계가 손상되면 학습기능과 기억기능이 사라지기 때문에 파충류와 비슷한 행동을 하게 됩니다.

개가 주인을 알아보는 것은 변연계에 살짝 덮인 신피질이 있어서인
데, 이는 주인을 기억하는 정도의 수준일 뿐 창조적인 활동을 할 수
있을 정도로 발달하고 있지는 않습니다.

또한 변연계는 호르몬 조절부인 시상하부와 뇌하수체가 포함되어
있습니다. 콩알 크기만 한 시상하부는 음식을 섭취하고 체온과 수면
을 조절하며 우리 몸에서 가장 중요한 호르몬 생산 공장인 뇌하수체
를 조절합니다. 그러나 이 시상하부가 손상을 받거나 이곳에 병이 생
기면 우리 몸에 있는 수분이 조절되지 않아 소변을 많이 보게 되는
요붕증에 걸리게 됩니다. 또 호르몬 생산 공장인 뇌하수체가 파괴되
거나 고장이 나면 난쟁이나 성 불구자가 되어 정상적인 생활을 영위
할 수 없게 됩니다. 따라서 변연계는 기본적인 생명과 기억 기능을
유지하는 데 없어서는 안 될 아주 중요한 부위입니다. 이 변연계도
뇌간과 마찬가지로 무의식적으로 작용합니다. 우리의 두뇌 안에서 진
행되고 있는 활동 중 아주 작은 부분만을 의식적으로 처리하고 인식
하고 있습니다. 실제로 뇌간, 소뇌, 변연계속의 편도, 해마 등 여러 뇌
구조는 정보를 처리하고 기억하는 데 결정적인 역할을 하고 있지만,
우리는 이들 구조의 활동들을 의식적으로 인식하지 못하고 있습니다.

● 인간의 뇌(신피질-대뇌피질)

사람은 이 신피질의 지능이 발달해 있어서 지적인 활동을 할 수 있
는데, 이 같은 특징 때문에 대뇌피질을 '인간의 뇌' 또는 '공부의 뇌'
라고도 합니다. 이 신피질에서는 언어활동을 토대로 기억, 분석, 종합,

판단, 창조 등 인간 고유의 두뇌 활동이 이루어집니다. 따라서 이제까지 이루어진 종교, 사상, 문화, 과학 등은 모두 신피질의 활동 결과입니다. 특히 이 신피질이 중요한 의미를 갖는 것은 성찰과 창조의 기능 때문입니다. 사람은 신피질로 인해 스스로를 돌아보며(성찰), 자신의 내적 욕망을 현실화(창조)할 수 있기 때문입니다. 성찰의 특성은 종교, 철학, 명상 등의 정신문화의 발달을 가져왔고 욕구의 실현(창조)인 기술 문명의 발달을 촉진한 것입니다.

겉에서 보기에 두뇌의 가장 독특한 특징으로 주름을 들 수 있습니다. 이 주름은 오렌지껍질 두께로 대뇌의 피질 부분을 이루고 있으며, 고랑과 이랑이 있습니다. 이 피질을 쭉 펼치면 피질의 넓이는 신문지 한 면 크기 정도이며, 이러한 피질의 신경세포는 거의 백만 마일에 이르는 신경섬유로 연결되어 있습니다. 이 피질에는 전두엽(Frontal lobe), 두정엽(Parietal lobe), 측두엽(Temporal lobe), 후두엽(Occipital lobe)과 같은 4개의 엽이 있습니다. 이 4개의 엽은 각기 다른 기능을 하지만, 서로 중복되는 면도 있습니다. 이들 4엽에 있는 많은 주름은 동시에 발달하지 않고 각기 발달하는 시기가 있기 때문에, 그 각각의 엽이 발달하는 시기에 적절하게 학습 경험을 제공해야 효과적으로 잘 발달될 수 있는 것입니다.

운동피질
연합피질
감각피질
연합피질
전두엽
두정엽
Broca's영역
측두엽
후두엽
Wernicke's영역
청각피질
시각피질
소뇌

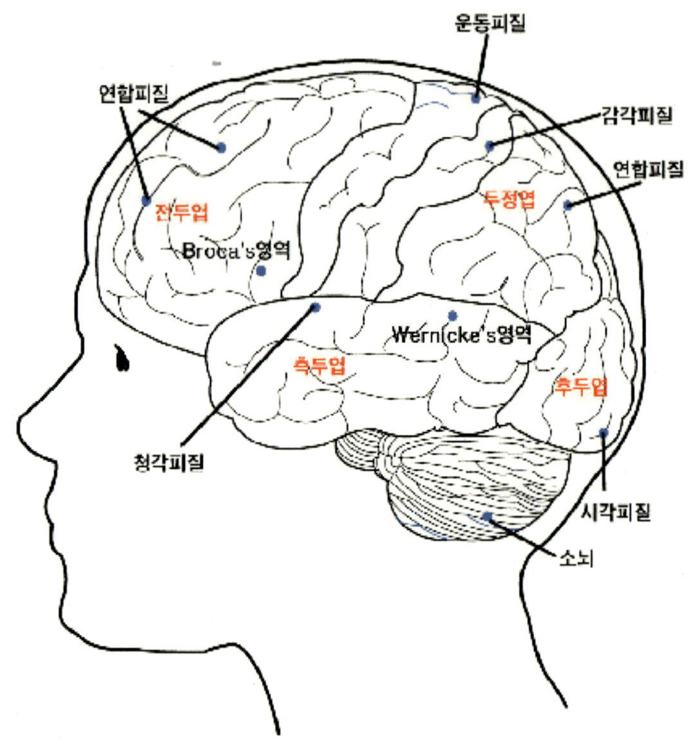

대뇌피질의 4엽

대뇌의 구조와 기능 2

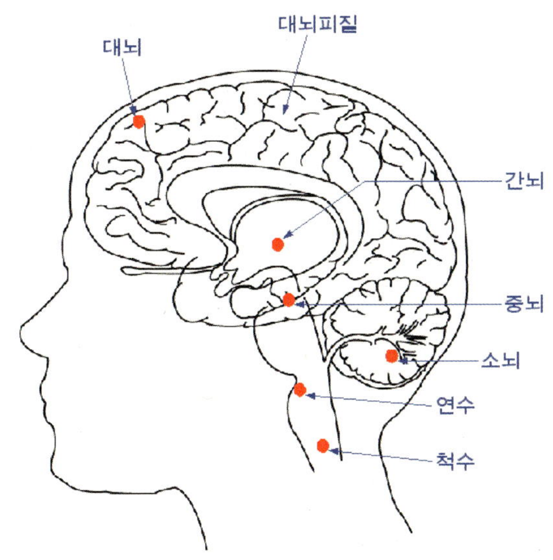

"대뇌의 구조와 각각의 역할"

인간의 뇌기능에 대한 본격적인 연구가 이루어진 것은 1950년을 전후해서이며 반세기 정도 지났다고 할 수 있습니다. 뇌에 대한 비밀들이 하나둘 발견되면서부터 뇌기능의 형성 과정에 대해 관심이 높아지고 이제까지 갖고 있던 고정관념도 바뀌기 시작했습니다. 가령 아이가 머리가 좋다 하면 부모의 유전인자 때문으로 단정했던 것을 환경적 요인으로 관점을 바꾸기 시작했다는 점입니다. 모든 사람은 태어나는 순간 생래적으로는 거의 똑같은 조건하에서 출발을 하게 되지만 시간이 경과한 후 매우 달라졌다는 것을 알게 되는데, 그런 차이를 만들어 내는 것은 바로 경험과 학습이란 후천적 환경 요인들입니다.

사람의 뇌는 크게 7개 부분으로 구성되어 있습니다. 이곳에서는 아주 간략하게 그 기능에 대해서만 소개를 하도록 하겠습니다. 전문가만이 아니라 두뇌발달에 대한 관심이 높아지면서 일반 학부모들도 기본적으로 알아 두어야 할 것들입니다.

● 대뇌

사람의 두뇌 대부분을 차지하고 있는 뇌의 바깥쪽으로 여러 뇌 중에서 가장 늦게 진화되었으며 겉모양은 껍질을 벗겨 낸 호두 알맹이와 비슷합니다. 또 대뇌는 좌뇌와 우뇌로 나뉘어져 있고 '뇌량'이라는 신경 섬유 다발로 연결되어 긴밀한 상호 협력 체계를 갖추고 있습니다. 좌뇌와 우뇌를 연결하는 이 뇌량은 10세까지 발달합니다. 좌뇌와 우뇌의 기능이 현격한 차이가 있는데 좌뇌의 가장 대표적인 기능은 말하기, 쓰기, 언어, 계산 등을 우뇌의 기능은 이미지, 공간감각, 음악 등 창조적인 부분을 관장합니다.

● 대뇌피질

대뇌피질은 만두피처럼 대뇌를 둘러싸고 있는 부분이며 이곳에서 사고, 판단, 창조 등 만물의 영장이라고 자부할 수 있는 고도의 정신 활동이 이루어집니다. 이곳에는 뇌신경 세포가 약 140억 개나 모여 있고 펼치면 신문지 한 장 정도의 넓이를 차지하게 됩니다. 흔히 대뇌라고 하면 이 대뇌피질을 의미하는 경우가 대부분입니다. 머리가 좋으니, 나쁘니 할 때는 대뇌피질의 각 영역(부위)이 얼마가 잘 발달했는가로 판가름이 나게 되는 것입니다. 대뇌피질은 꼬불꼬불한 고랑처럼 홈이 파여 있고, 표면에 굵직하게 나 있는 몇몇 홈을 기준으로 앞쪽은 전두엽, 뒤쪽은 후두엽, 양옆은 측두엽, 위는 두정엽으로 나누어집니다.

● 간뇌

간뇌는 대뇌와 소뇌 사이에 자리하고 있으며, 간뇌의 약 80%를 차지하고 있는 시상은 모든 감각 정보의 대기실과 같은 역할을 합니다. 즉, 사람이 느끼는 모든 감각정보가 일단은 이 대기실(시상)에 모여 있다가 대뇌의 감각 중추로 올라가게 되고 반응으로 나타나게 되는 것입니다.

● 중뇌

중뇌는 뇌간의 가운데 부분에 위치하고 있는데 사람이 살아가는데 있어서 무의식적으로 이루어지는 안구운동, 홍채 수축 등 눈에 관련된 역할과 호르몬 분비, 체온조절, 식욕조절 등의 역할을 담당합니다.

● 연수

연수는 사람에게 있어 가장 중요한 심장 박동, 호흡, 소화 등 생명 유지에 꼭 필요한 역할을 관장하고 있습니다. 흔히 말하는 뇌사 상태는 연수의 손상으로 인하여 일어나게 됩니다. 즉, 사람이 대뇌나 소뇌를 다쳐도 죽지 않지만, 연수를 다치면 뇌사가 일어나 치명적인 것입니다.

● 척수

척수는 뇌간에서 연속적으로 이어져 뇌의 맨 아래 부분을 차지하고 있으며 백색의 가늘고 긴 원기둥 모양을 하고 있습니다. 척수는 외부에서 사람에게 제공되는 자극을 운동신경과 감각신경, 그리고 자율신경을 통해 반응을 하게 되는데 그 세 가지 신경들이 지나가는 통로 역할을 하고 있습니다.

평형, 몸의 위치, 공간 운동을 조절하면서 우리 몸의 레이더 역할을 하는 운동 중추이기도 하지만, 간단한 학습 방법을 기억하는 기억 기능도 가지고 있습니다. 반복 연습을 통해 중요한 운동 기술을 습득하고 기억할 수 있도록 해 주는 운동 기억 기능을 담당하고 있기 때문에 이 부위가 손상을 입으면 선수들이 운동을 할 수 없게 됩니다. 우리가 운전을 할 때 거의 무의식적으로 하는 경우가 있는데 바로 소뇌가 기억하고 움직이게 하기 때문입니다. 아울러 아주 어렸을 때 배웠던 자전거를 어른이 되어서 타고 스스럼없이 타는 것은 바로 이 소뇌의 역할 때문입니다. 태어나서 소뇌가 가장 먼저 발달하기 시작하는데, 아기 때 보행기 등을 많이 태우거나, 움직임을 적게 키우면 소뇌가 덜 발달하여 운동 감각은 물론 공간 감각도 부족하게 나타납니다.

대뇌의 구조와 기능 3

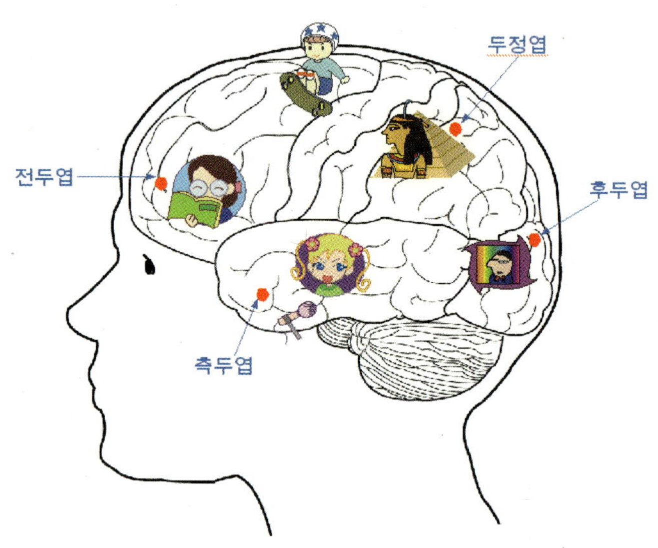

"대뇌피질의 4엽"

　학부모들이 가장 관심을 갖는 공부하는 기능은 뇌의 가장 바깥쪽 껍질 부위인 대뇌피질에서 일어나는 것으로, 인간 창조가 이루어지는 이 대뇌피질이 잘 발달해야 좋은 머리가 되는 것입니다. 대뇌피질은 네 개의 엽, 즉 전두엽, 측두엽, 두정엽, 후두엽으로 나누어져 있습니다. 두뇌발달 교육을 한다는 것은 바로 이 부위가 잘 발달하도록 하는 것입니다. 그렇다면 이 대뇌피질 영역을 어떻게 발달시킬 수 있을까? 가장 좋은 방법은 뇌 중추 속에 설치되어 있는 회로(신경세포)를 보다 치밀하게 만들어 효율성을 극대화하는 것입니다. 모든 신경세포는 사용하면 할수록 회로가 많아지고 튼튼해지지만, 사용치 않으면 회로가 막히고 가늘어지며 수도 적어집니다.

● 전두엽

대뇌피질의 가장 넓은 부위로 가장 복잡하고 고차원적인 기능을 수행합니다. 두뇌의 앞부분에서부터 정수리에 이르는 부위로 사람이 자신의 신체부위를 마음대로 움직이고, 과거에 대해 사고하고, 미래를 계획하고, 주의를 집중하고, 반성하고, 결정하고, 문제를 해결하고, 대화에 참여하는 것 등의 역할을 담당합니다. 그러나 무엇보다 놀라운 기능은 대뇌피질의 전두엽 덕분에 우리 인간이 모든 사고와 행동을 의식적으로 인식할 수 있다는 점입니다.

전두엽의 기능은 감각동작 처리와 인지의 두 가지로 나누어집니다. 전두엽의 뒷부분에 두뇌의 윗부분을 가로지르는 세포들의 띠가 있는데 이 띠가 바로 동작피질입니다. 근육 움직임을 지시하는 거의 모든 신경 활동은 두뇌의 동작 피질에서 일어납니다. 이 띠의 여러 부위는 신체에 있는 특정 근육들의 움직임을 지배합니다. 우리의 발에서 입술에 이르는 우리 신체의 모든 부위는 동작 피질에 상응하는 부위가 있으며, 신체의 모든 부위가 각기 다른 비율로 나타납니다.

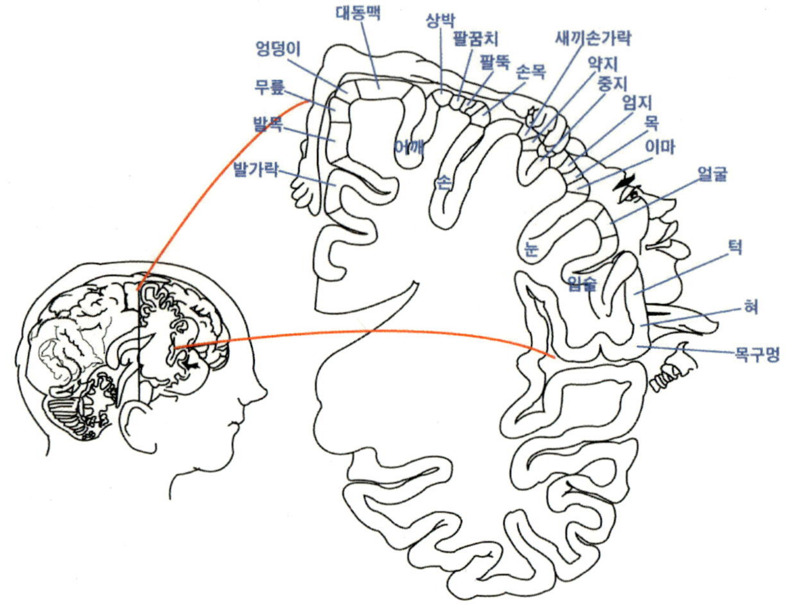

팬필드의 두뇌지도

어떤 근육은 다른 근육보다 훨씬 더 미세한 소 근육 움직임을 담당해서, 이런 근육들을 조절하는 동작피질 영역은 아주 넓습니다. 즉, 손가락, 입술 및 혀를 지배하는 부위들은 팔뚝을 지배하는 영역보다 훨씬 더 넓은데, 그 까닭은 팔뚝의 부위는 정확한 동작을 수행할 필요가 없기 때문입니다.

● 측두엽

귀 바로 윗부분의 양쪽에는 후두엽에서 전두엽 아래로 구부러져 있는 두 개의 엽이 있습니다. 이 부위가 바로 측두엽으로, 그 주요 기

능은 청각처리와 언어처리입니다. 청각은 사람에게 있어서 가장 중요
한 감각으로 여겨지기도 합니다. 사람은 태어나면서 다른 사람들의
말을 들으면 말을 할 수 있습니다. 그러나 듣지 못하면 말을 할 수가
없습니다. 벙어리의 대부분은 듣지 못하는 것과 같은 이치입니다. 그
만큼 청각 기능이 중요한 것입니다. 우리는 청각을 통해 서로 의사를
소통하고 생존에 필요한 중요한 정보를 받습니다. 예를 들어 기차소
리가 가까워질 때, 그 소리는 우리에게 '철로에서 멀리 떨어져라' 하
는 메시지를 전달하기 때문입니다.

　　측두엽에도 여러 하위 부위가 있는데 일차적인 청각영역이 자극을
받을 때 소리를 감지하게 됩니다. 측두엽에 연결된 각기 다른 두뇌
부위들이 청각정보에 대한 지각을 도와주어 우리가 무엇을 듣고 있
는지를 알게 해 줍니다. 이렇게 중요한 두뇌의 뉴런 집단은 소리의
크기, 음도 또는 음색을 등록하는 것과 같은 특수한 일을 하게 되고
그 결과 우리는 사람들의 목소리를 구분하게 되는 것입니다. 좌측 후
두엽, 두정엽 및 측두엽의 연결 부위에 베르니케라는 부위가 있는데
이 영역은 언어를 이해하고 해석하는 일에 관여하며, 말을 할 때 단
어를 정확한 구문으로 종합해 주는 역할을 합니다. 즉, 이 베르니케
영역에서 말의 형태와 적절한 단어를 배열한 후에 전두엽 아래 부분
에 위치한 브로카 영역에 보내져 소리로 전환된 후 이들 정보가 동작
피질로 보내져서 우리가 말을 하게 되는 것입니다.

● 두정엽

　　두정엽은 두뇌의 맨 위에서 뒷부분에 걸쳐 있고, 고차원적인 감각

처리와 언어 처리를 담당합니다. 이 부위는 두 개의 하위 부위인 전후 부위가 있는데, 두정엽의 앞부분 즉, 동작피질의 바로 뒷부분에는 체 감각 피질이라는 세포들의 띠가 있습니다. 우리가 언제, 어떻게 움직여야 할지에 대해 신체에 있는 근육에 정보를 보내야 할 때처럼 환경의 촉각과 온도에 대한 정보, 피부에서 오는 통각과 압각 및 사지의 위치에 대한 정보도 받을 수 있어야 합니다. 두정엽의 뒷부분은 공간인식에 대한 감각을 제공해 주기 위해 이런 모든 정보를 끊임없이 분석하고 해석합니다. 두정엽의 이 부위가 손상되면 물체를 잘 조작하지 못합니다. 유아 시기부터 블록, 조립식 장난감, 퍼즐 등을 많이 갖고 놀면 이 부위가 잘 발달하게 됩니다. 두정엽의 또 다른 역할은 주의를 집중하거나 공간적인 주의를 유지하는 것입니다. 개인이 특정 자극에 주의 집중을 할 때나 주의를 바꾸어야 할 때 두정엽이 활성화됩니다. 예를 들어, 꼭 끼이는 신발을 신어 발이 아플 때 감각 수용기가 우리에게 신호를 보내 발에 주의 집중을 합니다. 그러나 그 신발을 벗는 순간, 감각 수용기는 그렇게 많은 정보를 보내던 것을 멈추고 곧 다른 것에 관심을 갖게 됩니다.

● 후두엽

두뇌 뒷부분의 중심부 아래에 있으며, 시각 자극을 처리하기 위한 두뇌 부위로 외부에서 들어오는 시각 자료를 처리하는 데 중요한 역할을 합니다. 자극이 시각피질에 이르면 먼저 일차적인 시각영역에서 처리되고, 입력된 정보가 동작에 민감한 세포, 색에 민감한 세포 및 직선과 곡선에 민감한 세포들에 모아지면 2차적인 시각영역으로 가서 그 정보를 전에 본 적이 있는 정보와 비교하여 오렌지를 보고 있는지 사과를 보고 있는지를 알게 해 줍니다. 이러한 사실은 두 사람이 동일한 것을 보고도 각기 다른 것에 주의 집중하거나 동일한 것을 서로 다르게 이해하는 것을 보면 쉽게 알 수 있습니다.

우리가 시각적으로 주의 집중하는 것은 여러 두뇌체계의 협응된 기능입니다. 먼저 시각영역은 실제 사물을 지각한 후에, 사전에 어떤 시각정보가 저장되어 있는지를 판단하기 위해 다른 두뇌체계와 교류합니다. 그런 과정에서 시각 자극이 이전에 저장된 정보와 조화되면 그런 자극은 비로소 의미를 갖게 되는 것입니다. 이런 특징 때문에 우리는 군중 속에서도 친구를 알아차리거나 '파란색 도형을 봐라'는 교사의 지시를 받았을 때 여러 도형 중에서 파란색 도형에 우선적으로 주의를 기울이게 되는 것입니다.

앞에서 설명 드렸듯이 두뇌는 크게 전두엽, 측두엽, 두정엽, 후두엽의 네 엽으로 나뉘고, 대뇌피질의 각 영역에 따라 그 기능과 역할이 다른 구조를 갖고 있습니다. 대뇌의 피질에 자리 잡고 있는 각 영역은 연령에 따라 그 발달되어지는 시기를 갖고 있기 때문에 제 연령에 발달시켜 주는 것이 매우 중요합니다. 예를 들어 만 2세를 넘으면서 청각피질이 매우 발달하게 되는데 이때 TV, 컴퓨터 등의 기계 앞에 오랫동안 노출이 되면 자연스럽게 청각영역은 기계음에 익숙하게 발달하게 됩니다. 그 결과 기계음에 익숙한 아이는 자라면서 사람의 목소리를 듣지 않게 됩니다. 결국 이 시기에는 부모가 책을 많이 읽어 준다면 부모의 사랑도 느끼면서 청각영역도 잘 발달하게 되는 것입니다.

알아두세요!
운동영역
운동피질
중앙뇌구
체지각피질
미각피질
감각연합피질
시각피질
전두영역
후두영역
브로카
영역
(말하기 기능수행)
베르니케
영역
(언어의 이해와 알
아듣기 기능 수행)
청각연합
영역
1차청각
피질

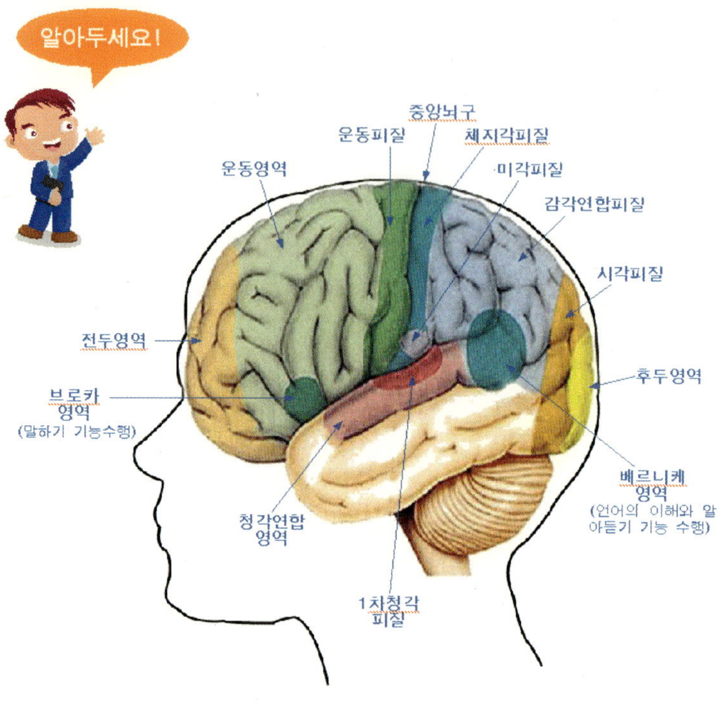

대뇌의 영역별 구조

좌뇌와 우뇌의 기능

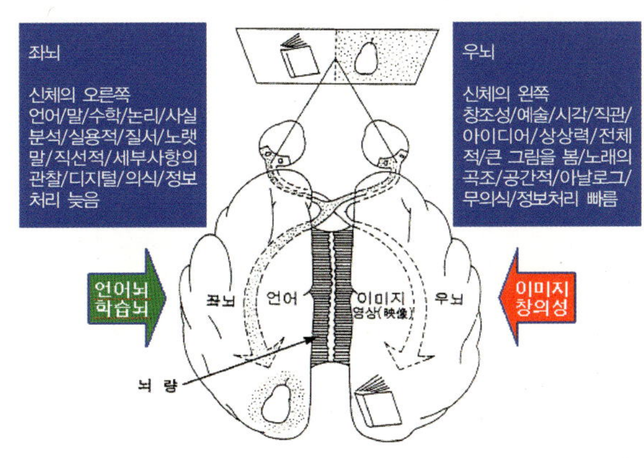

"좌뇌와 우뇌의 기능이 다르다"

사람의 대뇌는 좌·우로 나뉘어 대칭되는 2개의 반구 모양을 하고 있으며 각각 다른 기능을 가지고 있습니다. 물론 이 기능들은 좌·우 뇌를 연결하는 '뇌량'을 통하여 서로 밀접하게 협업하고 있습니다. 이 것은 1960년 미국의 로저 스페리 박사가 뇌량의 절단이 기능적 손상 을 가져올 수 있고, 양반구의 기능이 각기 다르다는 사실을 확인하여 노벨상을 받았습니다. 좌뇌의 기능은 주로 부분적인 것을 처리하고 계열적으로 처리하는 반면, 우뇌의 기능들은 병렬처리에 더 능숙해서 여러 개의 정보를 함께 처리하고 그 정보들을 종합합니다. 즉, 얼굴 인식에서 턱에서 머리까지 천천히 단계적으로 이미지를 분석하는 것이 아니라 여러 가지 요소를 동시에 고려하여 종합 분석한다는 것입니다.

● 좌뇌의 발달에 따른 특성

좌뇌의 기능 중 대표적인 것이 언어입니다. 즉, 좌뇌는 모든 형태를 언어로 분석하고, 우뇌는 모든 형태를 이미지로 분석합니다. 그래서 우리는 좌뇌를 '언어뇌'라고도 합니다. 학습을 하는 데 있어서 가장 기본이 되는 말하기, 쓰기, 셈하기, 논리성, 분석력, 추리력, 이해력 등의 모든 기능을 좌뇌가 갖고 있기 때문에 '학습뇌'라고 하기도 합니다. 그렇기 때문에 공부를 잘하기 위해서는 이 좌뇌 기능이 잘 발달해야 하는 것은 당연합니다. 하지만, 사람은 태어날 때 좌뇌의 기능을 갖고 있지 않습니다. 그래서 갓난아기는 부모를 알아보지 못하고 말도 하지 못하는 것입니다. 만 2세가 되면서 좌·우뇌의 기능 분할이 이루어지기 시작하는데, 좌뇌의 기능과 우뇌의 기능이 50 대 50이 되는 시점을 만 8세로 보고 있습니다.

좌뇌가 잘 발달한 사람의 특성을 살펴보면, 우선 체계적이고 논리적입니다. 그렇기 때문에 무엇이든 세밀하고 꼼꼼합니다. 상대 입장에서 보면 피곤할 수 있습니다. 공부를 잘합니다. 책임감이 강하며 누가 보든지 안 보든지 질서를 잘 지키며 공동생활을 잘합니다. 하지만, 다양성과 사회성이 부족하기 때문에 친한 친구 한두 명은 있지만, 많은 사람을 자주 만나거나 친하게 지내지는 않습니다. 고지식하기 때문에 작은 부분에서도 상처를 잘 받고 쉽게 풀어지지 않습니다. 동시에 자기중심적이기 때문에 무엇이든 주변에 영향을 크게 받지 않고 남에게 피해는 주지 않으면서도 본인의 생각을 매우 중시하여 행동합니다. 이처럼 좌뇌의 기능이 우뇌의 기능보다 월등히 발달하여 좌뇌 중심적으로 성격과 습성이 자리 잡은 사람은 일반적인 방법으로는 그 틀을 깨기가 매우 어렵습니다.

● 우뇌의 발달에 따른 특성

우뇌의 기능 중 대표적인 것이 이미지입니다. 앞에서도 언급했지만, 우뇌는 모든 사물을 이미지화시켜 분석합니다. 물론 우리가 얻는 정보의 약 75%는 시각을 통해 들어오기 때문에 우뇌의 기능이 매우 중요합니다. 또 한 가지 창의성입니다. 좌뇌의 기능이 높게 발달한 사람은 주어진 것은 잘하지만, 새로운 것을 생각해 내는 것은 어려운데 반해 우뇌의 기능이 높게 발달한 사람은 새로운 것들을 잘 생각해 냅니다. 그것은 우뇌가 잘 발달한 사람들은 우선적으로 호기심이 많고 활동적이기 때문에 무엇이든 새로운 것에 대해 관심이 많기 때문입니다. 그래서 상상력이 풍부하고 창의성이 강하게 나타나는 것입니다. 여기에 반사적으로 나타나는 것이 바로 체계적이지 못하고 엉뚱한 행동을 잘한다는 것입니다.

태어날 때 우뇌의 기능만 갖고 태어나기 때문에 저연령 때에는 우뇌의 기능이 지배하게 됩니다. 따라서 유아 시기에 우뇌 기능이 높은 아이들은 매우 활동성이 높아 산만하게 보이기도 합니다. 그 아이들 자체는 주변에 신경을 쓸 수 있는 논리성이 없기 때문입니다. 예를 들면, 우뇌 성향의 아이는 지나치며 옆의 아이를 건드린 것도 모르는데 건드림을 당한 좌뇌 성향의 아이는 그 아이가 자기를 때렸다고 생각하며 상처를 받게 되는 것입니다. 이처럼 좌뇌 기능이 발달한 아이와 우뇌 기능이 발달한 아이가 큰 차이를 보입니다.

또한 이 우뇌 기능이 좌뇌의 기능과 동일하게 발달하는 것이 아니라 매우 높게 발달하게 된다면 공부에 큰 관심을 두지 못하고 예체능에 관심을 갖게 되는 현상이 나타나기도 합니다. 그렇지만, 우뇌의 또 다른 기능 중 하나가 감성인데, 이 감성이 강하다 보니까 우뇌가 잘 발달된 사람들은 남을 더 많이 생각하고 정이 많게 나타나며 사회성이 강해서 주도적인 리더가 많이 나타납니다. 즉, 좌뇌의 기능이 잘 발달한 사람은 계획적이고 논리적이기 때문에 참모 역할을 잘하고, 우뇌의 기능이 잘 발달한 사람은 새로운 계획을 세우고 실천하도록 이끄는 힘이 강하기 때문에 리더 역할을 잘 한다는 것입니다.

그렇다면 좌뇌의 발달과 우뇌의 발달 중 어느 부분이 더 잘 발달되어지는 것이 좋을까요? 어느 한쪽 뇌의 기능이 잘 발달하는 것이 아니라 좌뇌와 우뇌, 양쪽 뇌의 기능이 고르게 잘 발달하는 것이 가장 좋은 것입니다. 태어나서 초등학교 1학년까지의 저연령 시기에는 우뇌 중심의 환경과 교육을, 이후에는 좌뇌 중심의 교육을 시키는 것이 좋습니다. 이 저연령 시기에 한번 습관으로 자리한 것은 그 사람의 성격으로 자리할 확률이 매우 높기 때문에 평생을 살아가는 데 필요한 부분은 반드시 이 시기에 자리할 수 있도록 발달시켜야 합니다.

그러나 안타깝게도 좌·우뇌가 고르게 발달한 사람은 매우 적습니다. 어느 한쪽이 더 발달하게 되는데 그것은 바로 환경의 영향입니다.

유아 시기부터 부모에 의해 제공된 환경에 따라 좌뇌의 기능이 많이 발달하거나 우뇌의 기능이 많이 발달하게 되는데, 우리 사회에서는 좌뇌 기능이 훨씬 더 발달하게 되는 환경을 갖고 있습니다. 그것은 부모세대가 자녀를 양육함에 있어서 교육에 가장 큰 비중을 두고 있기 때문입니다. 그 결과 학습할 수 있는 뇌의 기능이 제대로 형성되지도 않은 영유아 시기부터 단순학습을 제공하여 우뇌의 기능이 활발하게 발달되어져야 하는 시기이다 보니 우뇌 발달이 느려지는 것은 물론이고, 좌뇌의 기능도 제대로 발달되지 않는 현상을 가져오게 됩니다. 그러나 성격과 행동은 좌뇌 기능을 갖춘 사람처럼 나타나게 되고 그것이 습관이 되면 성격으로 자리하게 되는 것입니다. 그로다 보니 좌뇌형의 사람으로 성장되었을 때는 여러 가지 문제점을 드러내기도 합니다. 그러나 대체적으로 우리의 환경에서는 우뇌의 기능보다 좌뇌의 기능이 더 발달하는 것으로 나타납니다.

● 좌뇌형의 사람

좌뇌의 기능이 우뇌의 기능보다 더 발달하여 성격으로 자리한 사람을 말합니다. 이러한 사람들은 어른이 되어서도 매사에 계획적이고 정확하며 아주 근면합니다. 자신이 손해를 보는 한이 있더라도 가능하면 남에게 피해를 주지 않으려 하고 문제가 생기면 여러 사람과 함께 의논하기보다는 스스로 해결하려는 경향이 많습니다. 그렇다 보니 혼자서 끙끙 앓으면서 혼자 삭이는 경우가 많이 나타납니다. 생각은 깊이, 많이 하지만 그것을 드러내 놓고 자랑을 하거나 자신의 생각대로 따라오라고 강압을 나타내지도 않습니다. 그러나 이러한 행동도 아주 가까운 가족들에게서는 반대로 나타나는 경우도 많습니다. 즉, 다른 사람에게는 친절하고 합리적인 데 반해 가까운 가족들에게는 아주 냉정함을 보일 때가 종종 나타납니다.

좌뇌형의 사람이 대표적으로 갖고 있는 것 중의 하나가 고지식함이라는 것입니다. 이것 때문에 타협을 잘 하지 않습니다. 외골수라는 말이 바로 여기에서 나옵니다. 새로운 것에 대한 도전 의식이 약하며 자신에게 익숙한 것에만 안주하려 합니다. 예를 들면, 외식을 하더라도 자신이 자주 갔던 식당만 선호하고 새로운 곳에는 가지 않으려고 합니다. 음식을 시키더라도 주인이 갖다 준 것만 먹으려 하지 다른 것을 더 달라고 요구하는 것을 아주 싫어하기도 합니다. 또한 논리적이고 체계성을 갖추고 있기 때문에 말싸움을 한다거나 하면 상대가 거의 이길 수가 없을 정도입니다. 더불어 좌뇌형의 사람은 자신은 매사에 완벽하다 생각하여 부족한 부분을 인정하려 들지 않으며, 오히려 배우자나 가족, 또는 다른 사람의 단점을 논리에 맞추어 생각하기 때문에 잔소리가 매우 심한 경우가 많습니다. 평상시에는 이렇게 잔소리가 많다가도 싸워서 화가 나거나 짜증이 나면 오히려 몇 날이고 말을 하지 않기도 하면서 본인 스스로가 화를 삭일 때까지 감정을 죽이기 때문에 스트레스를 받는 경우가 매우 많습니다. 책임감이 강하기 때문에 주어진 것, 틀에 박혀 있는 것은 아주 잘하지만 창의적인 부분과 도전적인 부분이 부족하여 리더 역할을 하기에는 조금 힘이 듭니다. 따라서 누군가를 도와주는 도우미 역할을 잘하지만, 그것이 자신의 자녀 학습일 경우 너무 강하게 나타나 '모자 캡슐'과 같은 역효과도 나타납니다.

▶ 모자 캡슐: 모자 캡슐이란 아이가 친척, 이웃, 유아교육기관의 친구들과 함께 어울리며 자유스럽게 놀며 자라는 게 아니라 엄마가 외부와의 관계를 차단한 채 자신의 틀에 가두어 놓고 오로지 엄마와 아이 둘이서만 모든 것을 해결해 나가려는 현상이다.

좌뇌형의 사람과 거의 상반되는 성격과 행동을 나타냅니다. 일을 할 때 차분히 생각하고 계획하는 것이 아니라 즉흥적이며 감정적으로 처리할 때가 많습니다. 그러다 보니 신중을 기하는 결정에 있어서는 그르치는 일이 종종 나타나게 됩니다. 체계적이고 논리성이 강한 좌뇌형의 사람은 어떤 일을 결정할 때 심사숙고하고 한 번 결정한 일에 대해서는 비록 잘못된 부분이 나타난다 할지라도 꾸준히 나아가는 반면, 우뇌형의 사람은 즉흥적으로 결정을 하기 때문에 일을 해나가다 조금의 잘못이라도 보이면 즉시 방향을 틀어 버립니다. 따라서 우뇌형의 사람이 큰일을 결정하고자 할 때는 좌뇌형의 사람과 의논을 하는 것이 좋습니다. 하지만, 우뇌형의 사람은 사회성이 매우 뛰어나기 때문에 주변인과의 관계가 아주 좋습니다. 좌뇌형의 사람은 오랫동안 알고 지낸 상대가 나를 특별히 생각하고 대하기를 원하는 반면 우뇌형의 사람은 오랜 친구보다 새로운 친구에 대해 더 관심을 갖고 친근감을 드러내는데 그 사람과 가까워지고 싶어 그러는 것이 아니라 단순한 호기심 때문인데, 이러한 것 때문에 간혹 오해가 생기기도 합니다. 우뇌형의 사람은 이 호기심 때문에 나서기를 좋아하고 남의 말도 잘 들어 일도 잘 저지르게 되는 것입니다.

좌뇌형의 사람은 한곳에 안주하는 것을 좋아하지만, 우뇌형의 사람은 끊임없이 변화를 추구하고 새로운 것들을 찾기 때문에 진취성이 강하게 나타나고 무엇이든 자신이 주도해야 직성이 풀리기 때문에 리더 역할을 하는 사람이 많은 것입니다. 하지만, 이처럼 생각보다 몸이 앞서는 경우가 많고 감성이 풍부하기 때문에 좌뇌형의 사람보다 잡기와 놀이를 좋아하고 한 번 빠지면 헤어나지 못하는 경우가 많습니다.

자기 자신은 물론이고, 가족이나 친지 등에 대해 좌뇌형의 사람은 냉정함을 보이는 경우가 많은 반면 우뇌형의 사람은 매우 강한 유대감을 드러내 가족 일이라 하면 앞뒤를 가리지 않는 경향이 많습니다. 몸이 아플 경우 좌뇌형의 사람은 아주 심한 고통이 수반되지 않으면 본인 스스로가 잘 안다 생각하고 무시하는 경향이 많은 반면, 우뇌형의 사람은 조금만 아프거나 이상 증세를 보이면 즉시 병원을 찾아가고 약을 먹어야 안심을 합니다. 이렇게 되다 보니 자식 문제에 있어서도 좌뇌형의 사람은 냉철함을 갖고 지도하고 양육하려 하지만, 우뇌형의 사람은 주변의 이야기와 자신의 감정에 따라 하는 경우가 많습니다. 아이가 어느 정도 커서 문제를 일으키면 좌뇌형의 아빠는 잔소리를 늘어놓고, 우뇌형의 아빠는 자신의 감정이 풀릴 때까지 때리는 경우가 많습니다. 그래서 우뇌형의 아빠 아래서 자란 자녀 중에 'Adult Child'가 많은 것입니다.

Adult Child란 부모의 학대나 부모 간의 불화 등의 문제점을 안고 있는 가정에서 자란 아이가 어른이 되어 결혼을 해서 자녀를 낳아 막상 부모 입장이 되면 일찍이 부모가 자신에게 한 것과 똑같은 일을 반복해서 하는 사람을 말합니다. 이 부분은 폭력적인 것에서 많이 나타나는데 어려서 부모에게 많이 맞고 자란 아이가 '나는 어른이 되어 아이를 키우더라도 우리 부모처럼 절대로 때리지 않을 거야'라고 결심을 한다 해도 막상 결혼을 하고 아이를 키우게 되면 자신도 모르는 사이에 자기 부모와 똑같이 아이를 때린다는 것입니다. 그래서 저연령 시기부터 아이에게 매를 대어서는 안 된다는 것입니다. 대부분의 부모들은 아이가 잘못했을 때 그것을 고치기 위해 매를 댄다고 하지만, 거의가 감정적으로 결론이 나기 때문에 아예 매를 들어서는 안 되는 것입니다.

좌·우뇌의 발달 현상을 잘 보여 주는 것 중의 하나가 연예계입니다. 우뇌형의 사람은 남에게 시선을 받고 무대 위에 서는 것 자체를 좋아하기 때문에 연예인 대부분이 우뇌 성향을 갖고 있습니다. 하지만, 좌뇌형의 사람들 중에 예술이나 예능 쪽의 소질을 갖고 있는 사람들이 많습니다. 그런데 그 사람들은 남의 시선을 받으면 어쩔 줄 몰라 하는 부분이 있기 때문에 체계성과 논리성, 그리고 세세함이 필요한 연출가나 레슨을 하는 사람으로 방향을 바꾸는 것입니다.

좌뇌형과 우뇌형 어떤 삶일까?

<h1 style="text-align:center">"어떤 성향의 사람을 만나야 잘살까?"</h1>

참, 어려운 문제입니다. 하지만, 저연령일 때는 두뇌 진단을 해 보기 전까지는 잘 모르지만 어른이 되면 성격과 행동으로 나타나기 때문에 어느 정도는 알 수가 있습니다. 사실 여자와 남자의 뇌 구조와 성향은 많이 다릅니다. 그리고 만 9세가 넘어서면 그때까지 형성된 성향은 일반적으로는 바뀌지 않기 때문에 배우자를 선택할 때 나의 두뇌 성향은 물론이고 상대의 두뇌 성향을 아는 것이 중요합니다. 아울러 상대의 성격과 습관을 바꾸려 하지 말고 맞추며 사는 것이 현명합니다.

● 좌뇌형과 좌뇌형

부부가 모두 좌뇌형일 경우 어떤 삶을 살아가게 될까요? 물론 모두 그렇다는 것은 아니지만, 일반적으로 아주 계획성 있는 삶을 살아가게 됩니다. 부부가 함께 세워 놓은 틀은 거의 깨지 않으려고 하며 세워 놓은 계획에 맞추려 합니다. 가정의 환경도 한 번 맞춰 놓으면 좀처럼 바꾸려 하지 않으면서도 그것에 대해 불편함을 느끼거나 지루해하지 않습니다. 자녀를 낳기 전에도 미리 계획을 세우고, 장을 보러 갈 때에도 품목을 모두 적어 그 외에는 아무리 저렴하더라도 절제하는 모습을 보이며 절약하는 것이 거의 습관화되어 있는 경우가 많습니다. 여행을 가고자 할 때에는 현지의 숙박, 식당, 관광코스 등 모든 것을 미리 파악하고 갑자기 여행 코스를 바꾸거나 하지 않습니다. 결혼 생활이 오래되어 자녀가 성장하게 되면 부부 간에 무미건조한 삶을 느낄 수 있으며, 운동 등의 외부활동을 그리 좋아하지 않기 때문에 함께 취미생활을 하기도 어렵습니다. 특히 상대의 잘못에 대해서는 그리 관대한 편이 아니기 때문에 어려움을 겪는 경우도 많습니다.

● 좌뇌형과 우뇌형

매우 어려운 조합입니다. 좌뇌형과 우뇌형의 만남은 극과 극의 만남이기 때문에 서로가 잘 융합되면 매우 좋지만 그렇지 않을 경우에는 어려움이 가장 많습니다. 한 사람은 계획을 철저하게 세운 후 움직이고 다른 한 사람은 계획 없이 즉흥적 또는 감정적으로 움직인다면 어떤 결말이 나타날지는 불을 보듯 뻔합니다. 그나마 우리 현실에서는 남편이 우뇌 성향이고 아내가 좌뇌 성향일 때는 조금 괜찮습니다. 남편이 사업을 하든 직장을 다니든 밖에서 활동할 동안 아내는 차분히 가정에서 남편의 뒷바라지와 자녀 교육에 몰두합니다. 이렇듯 서로의 일이 분명하게 나뉩니다. 이 경우 부부는 서로가 잘하리라는 믿음을 갖고 상대의 영역에 대해 크게 간섭하거나 알려 하지 않습니다. 그러다 보니 남편이든 아내든 자신의 큰 문제가 겉으로 드러나기 전까지는 배우자가 알지 못하는 경우가 많아 최악의 경우로 치닫는 경우도 많습니다.

반대로 좌뇌형의 남편과 우뇌형의 아내일 경우는 많은 문제를 야기시킬 수도 있습니다. 차분하게 움직이는 남편과 달리 끊임없는 변화를 추구하는 아내는 집안의 환경도 수시로 바꾸고 생각지도 못한 곳에 돈을 사용해 남편의 계획성에 차질을 가져오기도 합니다. 또한 우뇌형의 아내는 시간이 흐를수록 점차 바깥 활동이 많아지고 가정

일을 등한시하는 경우가 많은데 이럴 경우 좌뇌형의 남편은 정리 정
돈되지 않거나 식사의 준비도 되지 않은 채 바깥일을 보는 아내를 이
해하려 하지 않습니다. 아내가 어떤 일을 하든지 잘 인정하려 들지
않고, 아내보다 자신이 지위가 낮거나 수입이 적을 경우 강한 열등의
식을 갖게 됩니다. 물론 그러한 것을 겉으로 잘 드러내지는 않지만,
한 번 이야기를 시작하면 세세한 것 까지도 드러내고 자신이 생각한
것을 한 번 옳다고 인정하면 웬만해서는 바꾸려 하지 않는 고지식함
을 나타내기 때문에 우뇌 성향의 아내가 매우 힘들어할 수 있습니다.
 앞에서도 언급했지만, 좌뇌형과 우뇌형의 부부 조합은 극과 극이
기 때문에 잘 맞으면 아주 좋다고 했습니다. 앞의 네 그림 중에서 마
지막에 있는 그림을 자세히 보시면 '우뇌'라는 글자보다 '좌뇌'라는
글자가 적혀 있는 원이 더 크게 그려진 것을 알 수 있습니다. 그것은
어떤 경우에서든지 좌·우뇌의 결합일 경우 좌뇌형의 배우자가 우뇌
성향의 배우자를 포용해야 한다는 것입니다. 즉, 아내가 우뇌 성향이
고 남편이 좌뇌 성향일 경우에도 남편이 아내가 사회성이 강하면서
활동적이기 때문에 체계적이지 못한 부분을 그대로 인정하고 자신이
그 부분을 채워 준다면 아주 좋은 부부 관계가 될 것입니다. 그렇게
한다면 아내도 더 자신감을 갖게 될 것인데, 대부분의 좌뇌형 남편들
은 아내의 그러한 우뇌적인 두뇌성향을 이해하지 못하고 단지 아내
라는 것 때문에 성격은 물론이고 행동까지 바꾸려 하다 어려움을 겪
게 되는 것입니다. 그래서 부부 간에는 상대의 두뇌 성향을 알면 평
생 행복할 수 있다는 것입니다.

어떻게 보면 아주 재미있게 살아갈 수 있는 부부입니다. 그런데 이 부부들은 자녀가 태어나기 전까지는 감정에 충실하며 서로 상대가 원한다면 무엇이든 해 주는 모습을 보이지만, 이제 책임져야 할 일들이 하나둘 생겨나기 시작하면 힘들어합니다. 계획성 없이 즉흥적인 삶을 추구하기 때문에 심각한 문제가 생기면 그것을 어떻게 해결해야 할까 생각하고 해결책을 강구하기 이전에 화부터 내거나 감정적으로 해결하려 하는 경우가 많습니다. 나서기를 좋아하고 주시받기를 좋아하기 때문에 많은 사람이 모인 자리에서 자신의 재정 상태는 생각하지도 않고 기분을 내기도 합니다. 또 정이 많고 단순한 면이 많아 주변 사람의 달콤한 말에 쉽게 휘말려 손해를 보는 경우가 많고, 작은 것을 크게 부풀려 말하기도 해 상대에게 피해를 주기도 합니다.

그러나 우뇌 성향의 사람이 논리성과 체계성을 함께 갖추고 있을 때는 다릅니다. 사업을 성공적으로 잘 이끌거나 큰 단체를 이끌어 가는 대부분의 리더형 사람들이 바로 이 경우입니다. 이 사람들은 다양한 사람들과의 사회성과 새로운 것에 대한 호기심과 끊임없는 변화 추구, 그리고 앞을 예견하고 나아가는 추진력까지 있는 상태에서 논리성과 체계성까지 갖고 있기 때문에 리더로 자리를 잡는 것입니다. 현시대에서 가장 요구하는 인물이 바로 이러한 인물입니다. 우리의 자녀들이 이러한 인물이 되기 위해서는 유아 시기부터 단순학습에만 몰두하고, 머릿속에 담는 암기식의 교육을 시킬 것이 아니라 자유스러운 분위기 속에서 다양한 경험을 통해 학습할 수 있는 기회를 제공해 주어야 합니다.

　　좌뇌 성향으로 굳어진 사람에게 창의성과 활동성, 그리고 사회성을 갖게 하기가 매우 어렵습니다. 좌뇌 성향의 사람에게 이러한 부분을 집어넣어 줄 수 있는 특별한 방법이 별로 없기 때문입니다. 그러나 우뇌 성향의 사람에게 논리성과 체계성을 갖추게 하는 것은 그리 어렵지가 않습니다. 따라서 유아 시기부터 우뇌 성향을 갖게 한다면 점차 성장하면서 체계성과 논리성을 갖추게 할 수 있지만, 유아 시기부터 좌뇌 성향을 갖게 한다면 성장하면서 창의성과 리더 성을 갖추게 하기가 매우 어렵기 때문에 오직 공부만 한다거나 남에게 순종 잘하는 사람이 될 수밖에 없습니다. 우리는 유아 시기를 지나 만 8세가 되면 벌써 그동안의 행동과 습성이 성격으로 자리한다는 것을 이미 알고 있습니다. 그렇기 때문에 유아 시기에 내성적 성격을 가질 수 있는 좌뇌 성향으로 키우기보다는 사회성과 리더성, 그리고 창의성까지 갖출 수 있는 우뇌 성향으로 키우는 것이 무엇보다 중요합니다. 이러한 사람이 어른이 되어서도 잘살 수 있기 때문입니다.

두뇌의 학습적 기능 – 좌뇌

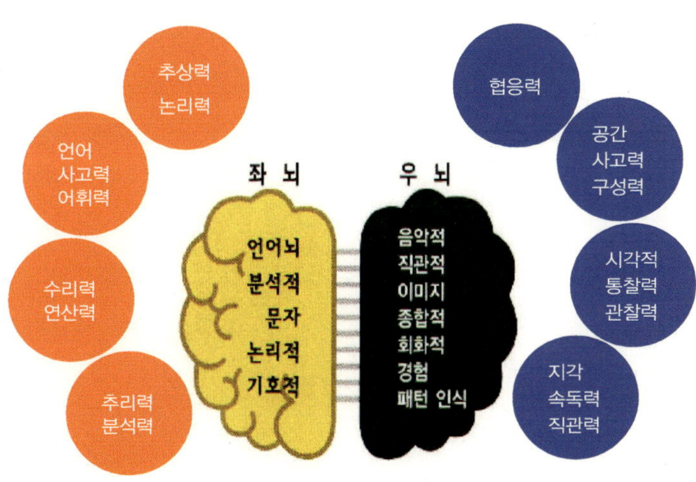

"좌·우뇌의 학습적 기능이 다르다"

　우리 두뇌는 좌뇌와 우뇌의 기능이 각기 다르지만 뇌량에 의해 끊임없이 좌·우뇌가 협업을 이루고 있습니다. 이것이 잘되어질 때 머리가 좋은 사람이라고 합니다. 그렇다면 그 기능들에는 어떤 것들이 있으며 우리가 살아가는 데 혹은 공부를 하는 데 어떤 역할들을 하는지 살펴보도록 하겠습니다. 좌·우뇌의 학습적 기능을 나누면 크게 위의 그림과 같은데 이 기능들은 우리가 살아가는 데도 꼭 필요한 부분이며 학습을 하는 데 있어서도 절대적으로 그 역할을 합니다. 기억해야 할 것은 위의 모든 기능의 발달에 가장 큰 영향을 미치는 것은 유아 시기에 주어진 환경과 부모의 역할이 커다란 영향을 끼친다는 것입니다.

● 좌뇌 기능 – 추상력

● **추상력이란** 수집된 여러 정보와 생각이나 느낌 등을 분류, 분석, 종합하여 사물의 성질, 상태, 작용, 특성, 성질, 속성, 공통점을 간단명료하게 사고하는 능력을 말합니다. 즉, 여러 가지 복잡하고 다양한 정보 혹은 생각이나 느낌 등을 분류, 분석, 종합하여 사고하고 글로 표현할 수 있는 능력입니다. 저연령의 유아들이 일상에서 경험하고 학습한 지식과 정보를 분류하고 통합하여 잘 활용하는 능력을 의미하는 것입니다.

● **추상력이 잘 발달된 아이**는 평범한 가운데서도 잘 보이지 않는 특성을 파악하는 능력을 지니고 아무리 복잡하고 다양해도 잘 분석하고 분류하며 그 핵심적 특성을 잘 파악하게 됩니다. 그리고 복잡하게 얽힌 문제나 다양한 문제를 간단히 풀어 가는 능력이 있으며, 여러 가지 그림 중 그림의 내용으로 보아 서로 어울리는 것과 어울리지 않는 것을 잘 찾아낼 수 있습니다. 또한 추상력이 높은 아이는 독서 생활에 관심이 많고 생각하는 것을 좋아하기 때문에 학습 활동에

큰 흥미를 갖게 됩니다. 이렇다 보니 나이에 비해 행동하기 전에 생각을 먼저 하는 침착한 성격을 지닐 가능성이 많고 복잡한 문제를 대하더라도 해결할 수 있는 능력을 지니게 되며 사물에 대한 인지능력이 정확하고 국어, 사회, 역사 등 이해와 종합적 사고가 요구되는 과목에 대한 적응력이 좋아집니다.

간단하게 요약하면 추상력이 잘 발달된 아이는,
ⓐ 사물에 대한 인지능력이 정확해지고,
ⓑ 행동하기 전에 생각하는 버릇을 갖고 있으며,
ⓒ 사고의 내용이 풍부하고 논리성을 띠게 되고,
ⓓ 국어, 사회, 역사, 국민윤리 등 이해와 종합이 중요시되는 과목에 대한 적응력이 좋아지며,
ⓔ 독서를 좋아하게 된다는 것입니다.

● **추상력이 잘 발달되지 않은 아이**는 지적 호기심이 약하여 독서를 싫어하며 오히려 놀이에 관심이 많습니다. 따라서 자기 혼자 아무렇게나 글을 쓰는 것은 잘할지 모르나 어떤 주제에 대해 생각하여 글을 쓰는 것을 매우 힘들어하게 됩니다. 그러다 보니 생각보다 행동이 앞서는 경향이 많이 나타나며 국어, 사회 등 이해와 종합적 사고가 요구되는 과목에 대한 적응력이 부족하게 나타나기 때문에 추상력 발달이 낮은 아이는 좌뇌 기능 전체의 밑바탕이 되는 언어사고력 발달의 장애 요인으로도 나타날 수 있습니다. 좀 더 쉽게 설명을 하자면 추상력 발달이 낮은 아이들은 복잡하고 미묘한 문제에 대한 적응 능력이 부족하게 나타나 생각하고 행동하는 것이 나이에 비

해 떨어지며 지나치게 단순함이 특징입니다. 또한 사고와 행동이 감각적이어서 복잡한 것에 쉽게 실증을 느끼고 조금만 복잡해도 골치 아파합니다. 특히 여러 그림 중 공통점이나 특성을 찾는 일에 둔하기 때문에 학년이 올라가면서 지문의 내용 파악이나 서술형 수학 문제의 뜻을 제대로 파악하지 못하는 현상도 나타납니다.

● **추상력을 잘 발달시켜 주기 위해서**는 부모, 특히 엄마와의 관계성이 중요하기 때문에 엄마와 함께 다양한 경험을 하게 합니다. 여기서 경험이란 현장 체험은 물론이고 단순한 문제를 접하는 것이 아니라 폭넓은 학습적 경험을 의미합니다. 그러기 위해서는 부모가 시간을 정해 놓고 책을 읽어 주고 읽은 내용에 대해서 아이와 함께 다양한 이야기를 나누도록 합니다. 그리고 이야기 듣고 그림 그리기, 책 읽고 내용을 그림으로 그리기 등을 하도록 하면 좋습니다. 또한, 여러 사물 중에서 같은 점, 다른 점 등 특성을 찾는 훈련을 하고 사물을 관찰하여 특성을 빨리 알아내는 학습도 합니다. 물론 이때 사물을 관찰하게 한 후에 관찰한 내용에 대해 부모가 다양한 질문을 하고 아이는 자신의 생각과 함께 질문에 대답하는 훈련을 하도록 하면 추상력 향상이 이루어질 것입니다.

환경	• 어린이에게 폭넓은 관심을 갖는다. • 많이 듣고 보는 기회를 갖는다. • 행동하기 전에 생각하도록 지도한다. • 엄마와의 애착관계를 강화한다.
놀이 · 학습	• 주변 사물의 공통점 찾기와 이름, 특성 알기 • 엄마가 시간을 정해 놓고 책을 읽어 주고 묻고 답하기 • 다양한 야외경험 활동하기 • 끈기 있게 시간을 정해 놓고 독서습관 기르기

● 좌뇌 기능 – 언어사고력

● **언어사고력이란** 사람의 감정과 느낌이나 사상 및 생각을 음성 언어 또는 문자 언어를 통해 정확하게 표현하는 능력을 의미합니다. 더 쉽게 말해서, 한글과 언어에 대한 개념과 구조에 대한 이해가 빠르고 감정과 느낌이나 생각을 음성 언어를 통하여 자기표현을 할 수 있는 능력이며 말을 듣고 이해하여 표현하고 글을 읽고 내용을 파악하는 등 언어체계에 대한 종합적인 적응력을 말합니다. 즉, 상대의 말을 경청하여 듣고 이해하며 자기의 생각을 올바르게 표현하는 능력이 바로 언어사고력입니다.

● **언어사고력이 잘 발달된 아이**는 말을 빨리 익히고 언어 내용 파악이 빠르며, 조화된 언어 사용과 어휘 구사력이 뛰어납니다. 또한 글이나 말의 의미 파악 속도가 빠르고 전달능력이 뛰어나며 언어의 구조 파악과 분석이 잘되기도 합니다. 아울러 언어적 감수성이 예민하여 언어적 정서 파악이 빠르고 언어구사력이 높으므로 책을 가까이 하고 공부를 즐기게 되는데, 이러한 아이들은 자기가 생각한 것을 정확하게 말로 표현하여 전달하는 능력이 좋아 여러 사람 앞에서 발표를 하거나 이야기를 하더라도 상대방을 자신 있게 설득하려 합니다. 특히 언어사고력은 좌뇌 발달을 촉진시키는 중심적 역할을 하기 때문에 매우 중요한 기능입니다.

간단하게 요약하면 언어사고력이 잘 발달된 아이는,
ⓐ 언어습득을 빨리 하게 되며,

ⓑ 상대방의 말을 듣고 그 내용과 뜻을 잘 이해하고,

ⓒ 낱말의 개념 파악이 정확하며,

ⓓ 유아 시기 말을 빨리하고 사용하는 어휘 수가 많게 되고,

ⓔ 책을 늘 가까이 하고 공부를 즐기게 된다는 것입니다.

● **언어사고력 발달이 낮은 아이**는 자라면서 현상 언어화가 느리고, 이해가 느리며, 표현력이 부족하게 나타납니다. 특히 어려서 언어 습득 속도가 느려 TV 등의 화면 보는 것을 즐기며 책을 대신 읽어 달라 하기도 합니다. 말을 주고받을 때도 꾸며 주는 말 등을 사용하기보다는 단타적인 말만 하려 하고 질문을 하면 대답이 입 속에서만 맴도는 경우가 많이 나타납니다. 이러한 아이들은 성장하면서 공부를 해도 공부에 빨리 실증을 느끼며 같은 시간 공부를 해도 비능률적이고 책상 앞에 오랜 시간 앉아 있지 못하게 됩니다. 학년이 올라가면서 무리 속에서는 많은 이야기를 하지만, 막상 앞에 나와서 혼자 이야기를 하라고 하면 더듬거나 했던 말을 반복하기도 하며 아예 입속에서만 웅얼거리는 경우도 상당히 많습니다. 특히 자신이 말할 것을 생각하느라 상대의 이야기를 들으려 하지 않는 경향이 많습니다. 이처럼 언어사고력이 낮은 아이들은 어려서 좌뇌와 우뇌의 뇌 기능 분할이 더디게 나타나는 원인이 되기도 하지만, 근래 들어 더욱 심각하게 나타나는 문제는 보는 것을 즐기기 때문에 컴퓨터 게임 등에 한 번 빠지면 쉽게 헤어나지 못한다는 것입니다.

● **언어사고력을 발달시키기 위해서** 어떻게 해야 할까? 먼저 언어사고력은 좌뇌 발달의 중심 역할을 하고 있는 중요한 기능입니

다. 따라서 저연령 시기부터 두뇌의 언어사고력 발달에 많은 관심을 기울여야 합니다. 먼저 두뇌의 발달 순서를 보면 아래 그림과 같이 아래쪽 척수에서 위로, 그리고 앞 전두엽 부분에서 뒤 후두엽 부분으로 발달이 이루어집니다. 즉, 두뇌의 발달은 우리 몸의 신체 감각기관을 통해 외부로부터 들어오는 정보와 자극에 의해 척수, 뇌 줄기, 변연계를 통해 대뇌피질의 여러 부분으로 전달되고 그 전달된 정보들을 다시 통합하고 분류하여 도출한 결과를 다시 역순으로 내려가 행동으로 나타나게 되는 것입니다. 물론 이러한 과정은 두뇌의 발달이 어느 정도 이루어졌을 때 좀 더 확실하게 나타나게 되는데, 그 이전 유아 시기에는 두뇌 각 영역의 발달이 먼저 이루어지며 이때 발달되어지는 순서가 뇌 줄기, 변연계, 그리고 전두엽, 측두엽, 두정엽의 발달이 이루어지고 맨 나중에 후두엽의 시각 부분이 발달되어집니다.

왜 언어사고력의 발달에서 두뇌의 발달 순서를 언급하느냐 하면 대부분의 우리 부모들은 자녀가 기어 다니다가 앉기 시작하면서부터 아무 생각 없이 TV 화면 앞에 앉혀 둔다는 것입니다. 근래 들어서는 스마트폰을 아이에게 주는 경우도 많아지고 있습니다. 이렇게 되면 아이는 시각적인 부분만 강해지게 되고 그 강해진 시각적인 부분이 언어 발달에 매우 부정적으로 영향을 미치게 됩니다. 즉, 어려서부터 보는 것에 익숙해져 있는 아이는 자라면서 말이 없어지게 되고 그에 따라 언어사고력 발달이 매우 더디거나 아예 이루어지지 않아 심하게는 언어 장애를 일으키기도 합니다. 따라서 언어사고력 발달의 가장 기본은 유아 시기부터 화면을 멀리하는 것입니다. 아이가 TV나 게임기 앞에 앉아 있을 때 엄마가 아이를 불렀는데도 대답이 없다면 아이의 집중력이 강해서 그러한 것이 아니라 TV 속에 빠져들어 있기 때문이므로 장차 심각한 언어장애를 가져올 수 있음을 유념해야 합니다.

옹알이 시기부터 부모가 아이의 눈을 마주 보며 아이가 말하는 것에 함께 응대해 주는 것이 매우 중요합니다. 아이가 자라면서 부모가 바쁘다는 이유로 아이 혼자 장난감을 갖고 놀거나 책을 소리 내어 읽는 것이 아니라 눈으로만 보게 하는 것도 좋지 않습니다. 글을 모르기 때문에 그렇다고 해도 누군가가 옆에 있어 주면서 아이가 그림을 보며 이야기를 만들어 말하게 해야 합니다. 아울러 아이가 그냥 주변에서 들으면서 어휘력을 쌓아 나가는 것이 아니라 계획적으로 하루 몇 개의 단어를 아이에게 알려 주는 것도 매우 좋은 방법이며 특히 글을 알게 되면서부터는 단어를 꾸며 주는 말의 의미를 알게 해 주어야 합니다.

주의해야 할 것은 초등학교 1학년 초기까지 아이들은 책을 읽을 때 내용을 통해 이해하기보다는 그림을 보고 이해하는 경우가 많습니다. 그것은 이 시기의 책은 대부분이 그림이 더 많은 부분을 차지하고 있기 때문입니다. 따라서 이 시기에 아이가 책을 읽을 때는 내용을 파악하는 것보다 어휘의 뜻을 정확하게 알게 하는 것이 더 중요합니다. 6, 7세 정도의 아이에게는 꼭 책을 소리 내어 읽게 하고 읽으면서 이해하는 능력을 길러줍니다.

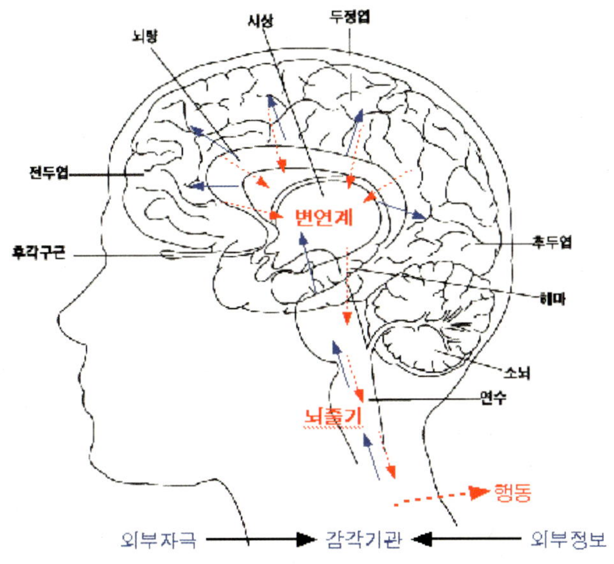

　처음 책을 소리 내어 읽으면서 자기의 목소리를 다시 듣고 그 내용을 이해하기는 매우 어렵습니다. 그러나 이러한 것이 훈련이 된다면 학년이 올라가면서 많은 분량의 내용도 쉽게 이해하게 되고, 초등학교 2학년 정도가 되면 눈으로만 책을 읽어도 소리 내어 읽는 것과 똑같은 효과를 얻을 수 있게 됩니다.

　그러나 책을 눈으로만 보는 습관을 가진 아이는 의미 파악이 느릴 뿐만 아니라 시험에서의 긴 지문을 한 번 읽었다고 하더라도 문제를 풀 때는 다시 지문을 찾아 읽어야 할 정도로 문장 파악이 되지 않습니다. 특히 칠판에 적혀진 글을 읽고 필기를 하려면 기억되는 문장이 작아 자꾸 쳐다봐야 하는 일이 생기게 됩니다. 이러한 아이들은 발표를 할 때도 한두 단어만 말하고 그만두는 습관이 생기기도 합니다. 따라서 책을 소리 내어 읽거나 그림을 보고 이야기를 꾸며 누군가에게 말을 하도록 하는 훈련은 언어 발달과 언어사고력 발달에 있어 매우 중요한 것입니다.

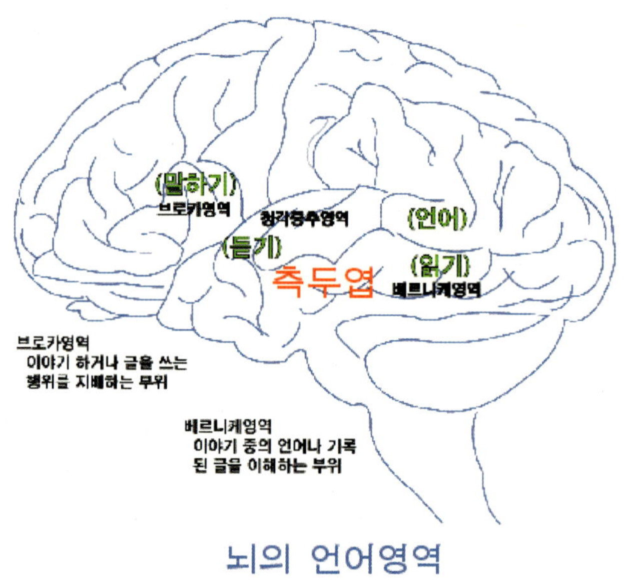

뇌의 언어영역

환경	· 가족끼리 대화 시간을 자주 갖는다. · TV, 컴퓨터 등 시각적 자극을 줄인다. · 집중해서 진지하게 듣는 습관을 기른다.
놀이 · 학습	· 엄마, 아빠 따라 정확한 발음하기 · 부모가 아이에게 이야기 들려주기 · 아이가 경험한 것을 말하게 하기 · 책을 소리 내어 읽거나 그림 보고 이야기하기 · 거꾸로 말하거나 끝말 이어 가기 놀이 · 꾸며 주는 말을 많이 사용하도록 지도 · 글의 내용 파악과 언어의 구조 파악 훈련 · 어휘력 증진, 낱말의 개념 파악

● 좌뇌 기능–수리력

● **뜻** 수리력이란 수와 양을 빠르고 정확하게 인지하고 파악하여 일상생활에 활용하는 능력을 말합니다. 사물의 수량을 정확하고 빠르게 인지하여 그 수량의 많고 적음을 변별하는 능력과 수에 대한 이론과 이치에 대해 그 속에 담겨진 원리를 파악하여 잘 활용하는 능력입니다. 수리력은 단순한 연산만을 말하는 것이 아니라 수의 개념과 계산의 이치 등, 수를 기초로 하는 논리와 사고를 의미하는데 간략하게 말하면, "수에 대한 이론과 이치 등, 수를 기초로 하는 논리와 사고를 의미"하며 '단순학습에 대한 속도력'과 '이해할 수 있는 능력'을 말합니다. 따라서 학령 전 아동이 덧셈 뺄셈의 계산을 모두 익혀 빠르게 연산을 한다고 해서 수리력이 높다고 할 수 없습니다. 오히려 이러한 아이들의 수리력이 매우 낮게 나타나는 경우가 더 많습니다.

● **수리력이 높은 아이**는 수와 수의 관계를 빨리 이해하고 사고와 행동이 정확하고 분명하며 수의 크고 작은 것을 파악하는 속도가 빠르고 정확합니다. 수리력이 높으면 합리적 사고, 계획성이 높아 매사에 주도면밀합니다. 특히 수리력이 잘 발달된 아이는 문제해결이 빠르고 성공률이 높으며, 실패해도 실패에 대한 원인 분석이 빨라 실패를 성공으로 이끄는 능력이 많이 나타납니다. 학령 전 아동들에게 있어서 수리력은 계산 능력이 아니라 오히려 행동과 밀접한 관계가 있습니다. 따라서 어려서부터 연산에만 노출된 아이들은 자라면서 행동이 매우 소극적으로 변할 수 있고 폭넓은 사고보다는 단순 사고를 지양하는 경우가 많기 때문에 매우 주의해야 합니다. 수리력이 잘 발달된 아이들은 자라면서 폭넓은 사고를 가질 뿐만 아니라 자신감이 있어 사회성도 매우 잘 발달되기 때문에 장차 물리, 화학, 경제 등의 과목에 적응력이 뛰어나며 우뇌의 공간사고력이 함께 잘 발달하면 기하(도형)에 적응력이 뛰어나 창의적인 수학을 잘할 수 있습니다.

요약하면, 수리력이 잘 발달된 아이는,

ⓐ 사고와 행동이 명료하고,

ⓑ 매사에 치밀하게 접근하며 실제적인 사고를 갖고 있으며,

ⓒ 논리적이고 합리적인 사고를 하며,

ⓓ 철학, 물리, 화학, 경제 등의 학과에 대한 적응력이 뛰어나게 되고,

ⓔ 우뇌 기능의 공간사고력이 발달하면 기하(도형)에 대한 적응력이 뛰어나 창의적인 수학을 하게 되며,

ⓕ 학습에 대한 욕구가 강화되는 것입니다.

● **수리력이 낮은 아이**는 논리성과 합리성이 부족하여 행동이 부정확하고 믿음직스럽지 못하며, 시간 개념이 흐립니다. 수리력이 낮으면 계획성과 논리성 부족으로 매사에 실패율이 높고 항상 자신감이 부족하여 막연한 공상에 빠지기 쉬우며, 말이나 행동을 반복하는 습관이 있습니다. 숫자만 봐도 머리가 아프고 계산을 할 때 손가락으로 셈을 하며 계산이 정확하지 못하고 실수를 자주 합니다. 이러한 아이들은 장기적으로 수학 기피증의 심화로 나타날 수 있습니다. 특히 수리력이 약한 아이들은 스스로 하기보다는 누군가가 해 주기를 원하는 의존성이 강하여 자기가 좋아하는 것에만 몰두하고 새로운 것이나 조금만 어려운 것이 있으면 엄마나 아빠에게 대신해 달라고 하는 경우가 많습니다. 그러다 보니 우뇌 기능의 협응력과 지각속독력까지 발달이 느리게 되면 심한 편식과 함께 세월아 네월아 하는 경향이 많이 나타나기도 합니다.

정리해 보면, 수리력이 낮게 발달한 아이는,

ⓐ 숫자만 봐도 머리가 아프고,

ⓑ 사고와 행동이 명료하지 못하며,

ⓒ 비논리적이며 비합리적인 사고를 선호하게 되고,

ⓓ 계산이 정확하지 못하고 실수를 자주하게 되며,

ⓔ 물리, 화학, 경제 등의 분야에 대한 적응력이 약하고,

ⓕ 학습에 대한 욕구·자신감이 약화되는 현상이 나타난다는 것입니다.

● **수리력을 발달시키기 위해서**는 우선 너무 이른 나이에 숫자를 접하는 것은 좋지 않습니다. 숫자를 알게 하기 전에 바둑돌 등을 갖고 개수와 양을 먼저 알도록 하는 것이 좋습니다. 즉, 수의 개념을 먼저 알게 해 줘야 한다는 것입니다. 그리고 부모의 일관성 있고 규칙적인 생활지도와 체계적인 학습이 무엇보다도 중요합니다. 대부분의 학부모들은 수학을 못하게 되면 더 많은 시간을 할애하여 연산에만 매달리게 되는데 그렇게 되면 결국 아이는 수학에 대해 강한 스트레스를 받게 되어 수학을 더 멀리하게 됩니다. 오히려 연산보다는 여러 가지 도구를 통해 흥미를 유발시키고 생각하며 해결할 수 있는 응용문제에 더 많은 시간을 할애하여 논리성을 먼저 길러 주는 것이 좋습니다. 저연령의 아이들에게 수리력을 발달시키기 위해서는 다양한 놀잇감을 통해 수의 원리와 개념을 터득하게 하는 것이 중요합니다. 이와 함께 앞에서도 언급했지만, 저연령 아동의 수리력 발달은 행동과도 밀접한 관계가 있기 때문에 절제 있는 생활지도가 필요합니다. 스스로 해야 할 것과 하지 말아야 할 것을 알게 하고 나아가서 자기가 좋아하는 것만 붙잡고 있는 경우가 없도록 해야 합니다.

환경	·규칙적이며 절제 있는 생활습관을 기른다. ·주변 사물에 대한 관심을 갖는다. ·사물에 대한 소유 욕구를 자극한다.
놀이·학습	·주변 사물의 개수를 헤아린다. ·순간 기억에 의해 바둑알 개수를 인지한다. ·바둑알의 흰 것과 검은 것을 통해 개수를 비교한다. ·논리적이고 합리적인 사고를 길러 준다. ·학습지를 통한 연산보다 주변 사물을 통해 많고 적음, 크고 작음을 인지하게 한다.

● 좌뇌 기능-추리력

● **추리력**은 이미 드러난 정보를 종합하고 논리적 분석을 통해 추상하여 아직 드러나지 않은 사실을 미루어 판단하는 사고 능력입니다. 즉, 이미 아는 사실(거시적 사고)을 전제로 하여 아직 모르는 사실(미시적 사고)을 미루어 생각하는 동적 능력입니다. 따라서 추리력이란 적극적이며 무한한 세계로 상상의 나래를 펴 나가 논리적 사고를 통해 정리하는 능력 즉, 이미 알고 있는 것을 기초로 모르는 것을 예측해 나가는 능력입니다. 추리력이 가장 발달하는 시기는 7살 이후로 보는데 특히 이 시기에는 엄마와의 애착관계 형성을 벗어나 아빠와의 애착관계 형성이 시작되는 때이기 때문에 아빠와의 생활환경이 매우 중요합니다. 우리 아빠는 지금 무엇을 하고 있으며, 언제쯤 집에 들어오시는지, 나에 대해 어떤 생각을 갖고 계시는지를 아이가 생각하고 추리할 수 있는 것이 추리력 향상의 가장 기본이기 때문입니다.

● **추리력이 잘 발달한 아이**는 생각하는 것과 행동하는 것이 매우 적극적이며 활달하며 지적 욕구가 강하게 나타납니다. 그래서 하나를 가르치면 열을 알려는 적극적인 노력을 갖고 있어 학년이 올라 갈수록 공부를 잘하게 되고 생각이 깊으며 앞으로 나타날 결과를 예측하고 계획을 세워서 움직이는 경향이 많습니다. 특히 어려서부터 추리력이 발달한 아이는 모험적이며 창조적인 사고를 많이 하게 되는데, 때때로 논리적 사고를 기초로 하지 않는 추리력은 엉뚱한 결과를 가져오기도 합니다. 하지만, 추리력이 잘 발달한 대부분의 아이들은 호기심과 함께 모험심이 강하고 자주성이 강하여 스스로 끝까지

하려는 목적의식과 이루고자 하는 끈기력이 매우 강합니다. 특히 매사를 창조적으로 접근하려 하기 때문에 수학, 과학, 창작 관련 학습을 잘하게 됩니다.

요약하면, 추리력이 잘 발달된 아이는,
ⓐ 하나를 배우면 둘 이상을 깨치게 되고,
ⓑ 모험적이며 창조적인 사고를 하게 되며,
ⓒ 목표 지향적인 사고를 하게 되고,
ⓓ 결과를 예측하고 계획을 세워서 움직이며,
ⓔ 수학, 과학, 창작 관련학습에 뛰어난 적응력을 나타냅니다.

● **추리력이 잘 발달되지 않은 아이**는 생각하고 행동하는 영역이 매우 좁아 단조로운 사고력과 행동 패턴을 갖고 있어 일을 계획하고 전개하는 것을 잘 못하며 이미 벌린 일의 뒤처리에 매달리는 스타일입니다. 그러므로 자기 스스로 목적의식을 갖고 능동적으로 움직이는 경우가 드물고 대부분 누군가에 의해 움직이는 수동형으로 나타납니다. 따라서 말도 잘하고 많이 알고 있는 것 같지만 매사에 있어서 스스로 해결하려 하기보다는 소극적이고 보수적이며 모험심이 약하여 의존성이 강하고 끈기력도 부족하게 나타나게 됩니다. 즉, 추리력이 잘 발달되지 못한 아이는 어려운 문제에 부딪히면 끝까지 스스로 해결해 보려는 생각보다는 누군가에게 미루며 쉽게 포기하는 경향이 많이 나타난다는 것입니다. 그러므로 이러한 아이들은 학습에 있어서도 저연령 때에는 잘하는 것 같아도 학년이 올라갈수록 성적이 떨어지게 되고 특히 수학, 과학 분야에 흥미를 갖지 못합니다. 그

러다 보니 부모의 강압에 의해 공부를 한다 해도 비능률적이어서 효과가 적고 예습은 엄두도 못 내고 복습하는 정도로 만족하는 경향이 많습니다. 대부분 추리력이 잘 발달되지 못한 아이들은 목표 의식이 약하고 모험심이 부족하여 생활이나 학습에 호기심이 적어 알고자 하는 의욕이 떨어지기 때문에 생각하는 것을 매우 싫어하고 배우면 배운 것만 알고 있으며 창의적 학습보다는 주입식(암기식) 학습에만 의존하게 됩니다.

우리가 아이들에게 가르치고자 하는 것은 스스로 고기 잡는 법을 가르치는 것과 같습니다. 그러나 열심히 가르쳤음에도 불구하고 무엇이든 스스로 해결하지 못하는 아이가 된다면 보통 문제가 아닙니다. 바로 추리력이 잘 발달되지 못한 아이가 이러한 아이가 될 경향이 많기 때문에 추리력 발달에 많은 관심을 가져야 합니다. 추리력이 잘 발달된 아이는 두 마리 토끼(생활과 학습)를 잡을 수 있기 때문입니다.

요약하면, 추리력이 낮게 발달한 아이는,
ⓐ 매사를 즉흥적으로 대응하려 하고,
ⓑ 생각하는 것을 싫어하고 직감에 따라 움직이며,
ⓒ 고지식하여 창조적인 학습을 하지 못하고,
ⓓ 목표의식이 약하며,
ⓔ 주입식(암기식)학습법을 선호하게 됩니다.

● **추리력을 어떻게 잘 발달시킬 수 있을까요?** 추리력 발달에 있어서 가장 중요한 것은 아버지와의 관계성입니다. 즉, 아버지의 일관성 있는 생활태도와 함께 아버지와 자녀 간의 애착관계 형성이

크게 영향을 미친다는 것입니다. 특히 아버지의 원칙 있는 생활 지도가 추리력 향상에 많은 도움을 끼칩니다. 이러한 환경 속에서 자란 자녀는 자신도 이다음에 어른이 되면 아버지처럼 될 것이라는 생각을 갖고 자신감 있게 생활하기 때문입니다. 반면 아버지가 있어도 어머니가 아버지를 무시하는 태도로 일관하며 아버지의 역할을 도맡아 하는 경우, 아버지가 무원칙 속에서 자녀에게 어떠한 관심도 보여 주지 않는 경우가 있는데 이러한 경우는 자녀의 추리력 향상을 가져오는 것이 아니라 오히려 추리력 발달의 저하를 가져오게 됩니다. 어려서부터 공부하는 일에 계획을 세워 실천하도록 하고 적절한 칭찬을 통해 자신감을 갖도록 해 주며 공부를 할 때 어떤 분량을 채우되 목표를 두기보다는 새로운 것을 알고자 하는 학습태도를 갖도록 지도해야 합니다. 특히 저연령 때 부모가 자녀와 함께 '왜'라는 질문과 그에 대한 문답식의 학습을 하도록 이끌어 준다면 아이는 자라면서 질문이 많아질 것이고 학습에 대한 호기심도 크게 갖게 될 것입니다. 공부뿐만 아니라 어떤 일이든 계획을 세워 꼭 실천할 수 있도록 하며, 한 가지에서 끝나지 않고 그 이면의 것을 생각하도록 유도합니다. 질문을 많이 하도록 유도하고, 아이가 호기심이 강하여 질문을 자주 할 때 아이가 잘 이해할 수 있도록 논리성을 갖추어 대답해 주는 것이 매우 중요합니다.

아울러 모험심을 길러 주는 것도 중요합니다. 학년이 올라가면서 어려운 문제에 접했을 때 모험심이 약한 아이는 쉽게 포기를 하지만, 모험심이 강한 아이는 모르는 것이라도 해 보려는 도전 의식을 나타내게 되기 때문입니다. 그렇기 때문에 저연령 시기부터 모험심을 길러 주는 것이 좋습니다. 탐정 만화나 탐정 소설을 읽는 것도 추리력 향상에 도움이 됩니다.

환경	·규칙적인 생활 습관을 기른다. ·부모님의 예측 가능한 생활태도를 보여 준다. ·아빠와의 애착관계를 강화한다.
놀이·학습	·질서 지키기와 순서대로 한다. ·아이의 질문에 성의껏 대답해 준다. ·아이에게 '왜'라는 질문을 한다. ·외우려 하지 말고 이치를 따질 수 있도록 한다. ·수학, 과학, 창작동화를 읽게 한다. ·주입식 교육보다 사고력 학습을 하도록 한다.

두뇌의 학습적 기능 - 우뇌

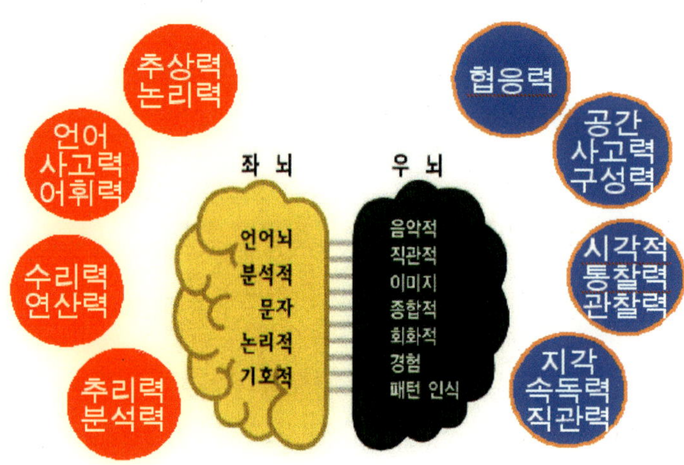

"좌·우뇌의 학습적 기능이 다르다"

우리의 두뇌는 좌반구와 우반구로 나누어져 있으며, 그 기능이 각기 다르다고 했습니다. 좌뇌는 언어뇌로 주로 학습을 담당하며, 우뇌는 이미지, 감성, 창의성 등을 담당한다고 했습니다. 그렇다 보니 대부분의 사람들은 좌뇌의 기능이 잘 발달해야 공부를 잘한다 생각하게 되지만, 사실은 우뇌 기능이 뒷받침되지 않으면 절대로 공부를 잘할 수 없습니다. 공부뿐만 아니라 사회생활에 있어서도 우뇌의 기능이 뒷받침이 되어야 어떤 일을 하든 성공할 수가 있는 것입니다. 특히 사람은 태어나면서 우뇌 기능만을 갖고 태어나기 때문에 이 부분을 저연령 시기에 잘 발달시켜 놓고 성장함에 따라 좌뇌 기능을 발달시켜 연합이 된다면 최고로 좋은 전뇌적인 두뇌가 되는 것입니다.

● 우뇌 기능 – 협응력

● **협응력이란** 여러 기능이 동일 목적을 위하여 서로 협력하여 좋은 결과를 낳게 하는 능력으로 보고, 듣고, 생각하며 따라 하는 능력을 말합니다. 즉, 상황을 올바르게 인지하여 정확하고 빠르게 따라 하는 능력입니다. 다시 말해 어떤 목적 달성을 위해 빠른 판단, 기능 분할, 기능 조화의 기능 협력 연합을 의미합니다. 또한 정확한 관찰능력과 그것을 정확하게 묘사하는 기술 능력이기도 하며, 보고 그리기, 듣고 말하기, 생각하며 행동하기, 악보 보고 피아노 치기 등 느낌이나 생각을 행동과 일치시키며 의도한 바를 효과적으로 실행하는 능력을 의미하기도 합니다. 협응력은 좌·우뇌 기능 분할 능력이라고도 하는데, 만일 백지 위에 어떤 그림을 그리기 위해 눈으로 관찰할 때 좌뇌 기능이 필요하고 손으로 그리는 기능은 우뇌의 기능이 필요하여, 서로의 기능이 협력 조화를 통해 하나의 그림으로 완성되는 것을 말합니다. 제시된 모형을 보고 규칙적 점판 위에 선을 그어 제시된 모형과 똑같게 표현하는 능력도 협응력의 일부입니다.

● **협응력이 잘 발달한 아이**는 무슨 일을 하든 빠르고 정확하게 익혀 나가기 때문에 똑똑한 어린이로 보입니다. 그렇기 때문에 학습 활동이 능률적이고 주변 환경의 변화에 빨리 적응하며, 행동이 정확하여 실수가 적고, 학업성취 능력이 높습니다. 특히 좌, 우뇌 협업이 잘 이루어져 야무진 아이로 성장하는 데 밑거름이 됩니다. 또한 물체의 특성을 잘 기억하고 그것을 정확하게 표현합니다. 즉, 눈썰미가 좋아 제시된 모형을 똑같게 표현하는 것을 잘하고 손놀림이 빠르고 정확하여 만들기를 잘하고 손으로 하는 피아노 치기, 그림 그리기, 색칠하기 등을 잘합니다. 환경적으로 부모의 원칙이 있고 균형 잡힌 생활태도 속에서 자라며 부모와의 애착관계 형성이 좋은 아이가 협응력 발달이 높습니다. 이러한 아이는 공간사고력 발달도 함께 이루어집니다.

요약하면, 협응력 발달이 높은 아이는,
ⓐ 학습활동이 능률적이고,
ⓑ 주변 환경의 변화에 빨리 적응하며,
ⓒ 행동이 정확하여 실수가 적고,
ⓓ 학업성취 수준이 높게 나타나며,
ⓔ 좌·우뇌 협업이 잘 이루어진다는 것입니다.

● **협응력 발달이 낮은 아이**는 무슨 일을 하든 꾸물대며 느리고 부정확하며 매사에 소극적이고 자신감도 부족하여 단체생활이나 새로운 환경은 물론이고 학습에도 제대로 적응을 하지 못하는 현상이 나타납니다. 이러다 보니 어려서부터 손놀림이 느리고 부정확하여 선

긋기 등이 잘 안 되고 그림을 보고 그릴 때 정확한 표능력이 떨어지며 특색 파악 능력이 부족하게 나타납니다. 생활에 있어서도 행동이 부정확하여 실수를 자주하게 되다 보니 부모가 간섭하게 되고 이러한 상태로 초등학교에 진학하면 학습부진 상태에 빠질 가능성이 높습니다. 특히 협응력 발달이 느리다는 것은 좌뇌 기능들과 우뇌 기능들의 협업이 잘 안 되는 것을 의미하기 때문에 좌·우뇌의 균형과 조화를 이룬 발달을 이루기 어렵습니다.

수업 중 제자리에 앉아 있지 않고 돌아다니는 어린이 중에는 협응력이 낮은 어린이가 많은 편입니다. 이러한 아이는 여러 활동과 놀이 등을 잘 따라 하지 못해 왕따가 될 수도 있습니다. 환경적인 면에 있어서 협응력이 낮은 아이들은 대부분 부모의 원칙이 없고 무분별한 생활태도 속에 자란 아이들입니다. 즉, 자녀를 너무 귀하게 여겨 밥을 먹여 주는 것부터 시작하여 신발을 신겨 주고 옷을 입혀 주며 학교까지 가방을 들어준다거나 하여 스스로 할 수 있는 것이 거의 없거나 아예 방관하는 부모 아래서 자란 아이들이 협응력 발달이 떨어지게 나타납니다. 대부분의 부모들이 놀이학습의 효과를 경시하고 편중화된 학습으로만 일관되게 가르치는 경우에도 협응력 발달의 부진으로 나타납니다. 또한 부모와의 애착이 약화되어 있는 상태이다 보니 자존감이 부족하고 칭찬보다 꾸지람을 많이 들으며 자란 아이들도 많습니다.

요약하면, 협응력 발달이 낮은 아이들은,
ⓐ 따라 배우는 속도가 느리고 부정확하며,
ⓑ 주변 환경의 변화에 적응을 잘 못하고,

ⓒ 행동이 부정확하여 실수를 자주 하게 되며,

ⓓ 초등학교에 진학하여 학습지진 상태에 빠질 가능성이 높고,

ⓔ 좌·우뇌 협업이 잘 이루어지지 않게 됩니다.

● **협응력을 발달시키기 위해서는** 영유아 시기부터 부모가 관심을 가져야 합니다. 기어 다니면서부터 아이가 이것저것 만지고, 높이 있는 것을 꺼내 떨어뜨리더라도 가능하면 그냥 내버려 두는 것이 좋습니다. 손으로 무엇인가 찢고, 힘주어 구기고 하는 일부터 시작하여 무엇인가 인지하기 시작하면 보고 따라 하고 따라 그릴 수 있도록 이끌어 줍니다. 협응력의 가장 기본은 손을 움직이며 무엇인가 따라 하고 규칙에 의해 선을 따라 긋는다든가 그림을 옮겨 그린다든가, 그려진 곳에 색칠한다든가 하는 것에서부터 시작한다고 보면 됩니다. 저연령 시기부터 몬테소리 교구를 이용하여 놀이 활동을 하고, 단순한 것부터 점점 복잡한 것까지 단계적으로 외워서 그리며 손을 많이 움직이게 하며 점차 생활에 있어서도 모든 일을 스스로 할 수 있게 합니다. 즉, 아이가 유치원에 다니게 되면 대견스러움에 밥을 먹여 주고, 옷을 입혀 주고, 가방을 대신 들어 주고, 신발을 신겨 주고 하는데 이러한 부모의 간섭은 아이의 협응력을 저하시키는 일은 물론 성장하면서 행동이 느려지거나 야무지지 못한 아이로 나타나게 됩니다. 조금 서툴고 시간이 많이 걸리더라도 아이 스스로 할 수 있도록 지켜봐 주어야 합니다.

어려서부터 부모가 많이 챙겨 준 아이는 협응력의 발달이 매우 느리게 나타나는데, 이러한 것은 부모가 원칙 있는 생활 태도 속에서 균형 잡힌 생활을 보여 준다면 아이들도 스스로 따라 하며 부모를 보

고 배울 것입니다. 그리고 아이가 학습에 관심을 갖기 시작한다고 해서 부모의 욕심에 맞춰 무분별하고 편중화된 학습의 환경에 아이를 노출시킨다면 역시 협응력 발달에 어려움을 가져오게 됩니다. 부모는 놀이 학습의 중요성을 알고 아이가 놀이를 통하여 점차 단계적으로 알아 갈 수 있도록 환경을 조성해 준다면 아이의 협응력은 잘 발달하게 될 것입니다.

환경	• 부모가 아이에게 모범적인 행동을 보인다. • 원칙 있는 생활습관을 기르도록 한다. • 다양한 손 놀이와 무엇이든 스스로 하게 한다. • 부모 따라 하기를 지속적으로 한다.
놀이·학습	• 따라 그리기와 보고 그리기 • 종이 모형 오려 붙이기 • 종이접기 놀이(익숙한 것보다 새로운 것) • 젓가락으로 물건 집어 옮기기 • 철봉 등에 매달려 좌우로 이동하기 • 그림이나 도형을 그대로 따라 그리도록 한다.

● 우뇌 기능-공간사고력

● **공간사고력**이란 사물의 모양, 크기, 위치, 방향, 간격 등을 인지하여 변별하는 능력으로 복잡한 구조를 일목요연하게 파악하고 발전적 새 구성을 통해 적응해 나가는 힘을 말합니다. 다른 말로 구성력이라고도 하는데 어떤 모형을 한 개씩 나누어 놓은 것 중에서 원래의 모양과 크기가 같은 것을 골라내는 능력입니다. 또한 사물이나 그림의 구조(구성) 파악이 빠르고 정확하게 인지하는 능력으로 사물의 형태, 크기, 구조, 방향, 위치, 거리 등을 인지하고, 분류 추리하는 능력을 의미합니다.

● **공간사고력이 잘 발달한 아이**는 상황 파악을 잘하고 계획성이 뛰어나 무슨 일을 추진하든지 철저하고 빈틈없는 계획과 추진력을 가지게 됩니다. 특히 공간사고력이 높으면 원리 파악이 빠르고, 퍼즐처럼 복잡한 그림 또는 도형의 부분 구조를 쉽게 알아내어 빠르게 결과를 얻어 냅니다. 그러다 보니 공부는 분석적인 방법으로 하며 노트 정리를 짜임새 있게 잘하고, 생활에 있어서도 어떤 환경 속에서라도 상황 판단이 매우 빨라 대처를 잘하며 혼자서도 놀고 스스로 정리 정돈을 잘하여 매사에 능률적인 결과를 얻게 되기도 하지만 자립심이 강화되기도 합니다.

또한 공간사고력이 높은 아이는 사물에 대한 시각적 인지능력이 정확하며 사물의 구조도 정확하게 파악하고, 주변 환경 또는 자연물에 대한 입체적 인지능력이 향상됩니다. 그러다 보니 공간사고력이 높은 아이는 상상력이 풍부하고 사고가 유연해지며 자주성이 강화되어 복잡하고 어려운 문제도 스스로 해결하고자 하는 경우가 많습니다. 따라서 조립식, 도형, 종이접기, 퍼즐 놀이를 즐기며 도형수학(기하), 미술, 기술, 기악, 물리, 화학 과목 등에 뛰어난 적응력을 갖게 됩니다. 천재 물리학자 아인슈타인 박사가 가장 발달된 두뇌 부위가 바로 공간사고력을 관장하고 있는 두정엽 부위인 것입니다.

요약하면 공간사고력 발달이 높은 아이는,
ⓐ 사물에 대한 시각적 인지능력이 정확하고,
ⓑ 사물의 구조를 정확하게 파악하며,
ⓒ 주변 환경 또는 자연물에 대한 입체적 인지능력이 향상되어,
ⓓ 도형수학(기하), 미술, 기술, 기악, 물리, 화학 과목 등에 뛰어난

적응력을 갖게 되고,

ⓔ 상상력이 풍부하고 사고가 유연해지며,

ⓕ 어려서부터 자주성이 강화되는 현상이 나타납니다.

● **공간사고력 발달이 낮은 아이**는 핵심 파악이 둔하고 구조 인식력이 약하며 공부를 해도 원리 파악이 잘 안 돼 깊이 파고들지 못하고 건성으로 하게 됩니다. 복잡한 것과 다양한 것을 대하면 쉽게 싫증을 느끼고 늘 단순한 것을 선호하다 보니 사물에 대한 시각적 인지능력이 부정확해지고 사물의 구조에 대한 인지능력이 부족하게 되며, 상상력의 결핍과 사고방식의 경직까지 나타나게 됩니다. 이처럼 공간사고력 발달이 낮은 아이는 학년이 올라가면서 복잡한 문제를 접하면 쉽게 포기하게 되고, 놀이나 게임에 있어서도 조금 복잡하고 힘들면 남에게 미루는 습성이 생기게 되는데 이것은 곧 의존적 성격의 심화로 나타나게 됩니다. 그래서 이러한 아이는 예체능 과목에 대한 적응력의 부족은 물론이고 수학의 응용문제, 입체적 도형, 과학 등 깊이 생각하는 것을 멀리하게 되고 점차 나이가 들면서 구조 파악이 어려운 것은 물론이며 소마퍼즐 등을 매우 어려워하고 길 찾기 등에 큰 어려움을 겪게 되고 책을 읽어도 내용 파악이 제대로 되지 못합니다.

아이가 어려서부터 도형, 퍼즐 등의 장난감 놀이를 좋아하고 많이 하고 있는데도 불구하고 공간사고력 발달이 낮게 나타나는 아이는 부모 또는 다른 사람의 간섭이 매우 심하거나 과잉보호하에 놓여 있는 경우가 대부분이기 때문에 조금 시간이 걸리더라도 스스로 할 수 있도록 지도하는 것이 매우 중요합니다.

요약하면, 공간사고력 발달이 낮게 나타나는 아이는,

ⓐ 사물에 대한 시각적 인지능력이 부정확해지고,

ⓑ 사물의 구조에 대한 인지능력이 부족하게 나타나며,

ⓒ 상상력의 결핍과 사고방식의 경직으로 창의성이 낮게 나타나고,

ⓓ 예체능 과목에 대한 적응력의 부족으로 활동성과 감각적 능력이 떨어지며,

ⓔ 의존적 성격이 강하게 나타나 스스로 하려는 자주성이 부족하게 나타나고,

ⓕ 나이가 들면서 공간지각력의 퇴화 속도가 빨라지게 됩니다.

● **공간사고력을 잘 발달시키기 위해서**는 영유아 시기부터 손으로 무엇인가 도구를 가지고 색종이 찢어 붙이기나 오리기 퍼즐 맞추기 등을 많이 하도록 합니다. 또한 형태만 그려진 것을 보고 실제 사물 또는 인물을 맞추는 훈련도 하도록 하며, 분해 조립 훈련을 통해 짜임새 파악 훈련을 하도록 합니다. 즉, 조립식 완구를 갖고 설계 도면을 보고 완성시키는 것이 아니라, 이미 완성된 그림을 보고 스스로 생각하여 완성시키도록 하는 것이 사물의 입체적 사고를 갖게 하는 데 큰 도움이 됩니다. 이러한 것을 통해 공간사고력뿐만 아니라 혼자 끝까지 완성시키도록 한다면 끈기력을 기르는 것과 함께 성취감까지 느끼게 해 자신감을 함양시킬 수 있습니다. 아울러 사물의 구조를 관찰하여 관찰력 기르기 훈련을 하도록 하면 좋습니다.

공간사고력 발달이 낮은 아이들의 특징은 사물에 대한 애착이 약할 뿐만 아니라 사물에 대한 애정과 새로운 시각의 결핍을 갖고 있게 됩니다. 따라서 주변 사물을 관심 있게 보는 것이 아니라, 자신과는

전혀 관계가 없다고 생각하기 때문에 그냥 지나치게 되는데 이러한 아이들은 학년이 올라가면서 입체 도형 학습에 이르러 매우 힘들게 되기 때문에 주변 사물에 관심과 애정을 갖고 바라볼 수 있도록 유도하며, 상자 쌓기, 종이접기 등을 통해 입체적 형상을 알아 가도록 해야 합니다.

저연령의 아이들은 보고 그대로 따라 그리기, 그려진 그림을 똑같이 옮겨 그리기를 자주 할 수 있도록 환경을 제공해 준다면 공간사고력과 더불어 협응력도 발달하게 됩니다. 퍼즐 놀이, 조립식 완구 만들기, 도형 쌓기, 가베 놀이 등도 공간사고력 향상에 많은 도움이 됩니다. 생활에 있어서는 작은 일이라도 자기 스스로 계획을 세워 실천할 수 있도록 유도하는 것이 매우 좋습니다.

환경	· 주거 환경을 균형 있게 정리 정돈하게 한다. · 주변 사물에 애착을 갖도록 분위기를 조성한다. · 자연과 접할 수 있는 기회를 자주 갖는다.
놀이 · 학습	· 간단한 가정일을 돕는다(설거지, 집안청소 등). · 자기 일은 스스로 한다(옷 입기, 식사 등). · 흙장난, 소꿉놀이, 장난감 놀이 등을 한다. · 조립식 장난감 만들기, 조각퍼즐 맞추기 등을 한다. · 블록 놀이(완성본 보고 생각하여 만들기)를 한다. · 사물의 구조를 정확하게 파악하도록 한다. · 주변 환경의 변화에 빠르게 적응하도록 돕는다.

● 우뇌 기능-시각적 통찰력

● **시각적 통찰력**이란 상황을 시각적으로 주의 집중해서 인지하여 이에 적극적으로 대응해 나가는 능력을 말합니다. 즉, 앞을 바라보며 살펴 예견하고 이루어 나가는 추진력과 여러 사람을 이끌어 나갈수 있는 통솔 능력 혹은 인간관계의 자신감이 바로 시각적 통찰력입니다. 시각적 통찰력이 잘 발달한 사람은 앞을 바라보는(목표를 바라보는) 정확한 시각이 있고, 추진 능력이 있으며 성취 욕구와 탐구력이 있어 크고 작은 꿈을 이루어 나가는 힘이 있습니다. 21세기 주도적인 사람이나 리더가 되기를 원하는 사람에게 반드시 있어야 할 부분이 바로 이 시각적 통찰력 부분입니다. 시각적 통찰력은 관찰력, 이미지사고력, 통찰력의 세 분야를 모두 말하는 것인데, 관찰력은 어떤목표를 갖고 형태를 인지하는 것으로 같은 그림을 놓고 틀린 부분을찾아내는 것과 같이 어떤 상황에서 다른 것을 찾아 표시하는 것을 말하며 추상력과 집중력의 발달은 물론이고 시각적 변별력의 향상을가져옵니다. 이미지사고력은 그림이나 도형, 사물 중 같은 것을 골라내는 것과 같이 어떤 목표가 없이 형태만 인지하는 것으로 눈썰미와사물의 형태 인지 능력과 상상력을 길러 줍니다. 마지막으로 통찰력이란 것은 어떤 상황에서든지 좌중을 제압하며 통솔, 꿰뚫어 보는 능력으로 논리적인 사고와 함께 자신 있는 발표력이 여기에 속합니다.

● **시각적 통찰력이 높은 아이**는 목표를 세워 끊임없이 노력하고 목표를 향해 매진합니다. 여러 어려움이 닥쳐도 좌절하거나 포기하지 않고 도전적이며 끈기가 있고 극복해 나가는 노력과 지혜가 있

기 때문에 항상 리더 역할을 담당하며 아이들을 이끌고 다닙니다. 눈빛이 강하고 자신감이 있어 어떤 환경이나 어떤 사람들 앞에서라도 당당하게 자신의 의견을 피력하여 상대를 설득시키는 능력이 뛰어납니다. 또한 주의 집중력이 강하여 사물을 볼 때 전체적으로 또는 하나하나를 정확하게 바라보기 때문에 어떤 장면을 순간적으로 봤을 때도 기억하는 부분이 뛰어나고 목적한 곳으로 찾아가는 길을 찾는 능력도 뛰어납니다. 시각적 통찰력이 잘 발달되었다는 것은 성취욕구가 강화되고 상황에 대한 올바른 인식과 적응력의 향상을 보이며, 인내력 및 자신감의 충만과 책임감, 리더십이 강화되었음을 말하는데 이러한 아이들은 학년이 올라갈수록 탐구하며 노력하여 목표 달성을 잘하고 항상 주변 사람들의 리더 역할을 하기 때문에 어른이 되어서도 사회 지도층의 반열에 설 수 있습니다.

요약하면, 시각적 통찰력이 잘 발달한 아이는,
ⓐ 성취욕구가 강화되며,
ⓑ 상황에 대한 올바른 인식과 적응력의 향상을 가져오고,
ⓒ 주의 집중력 향상으로 상황 판단이 빠르고 정확하게 나타나며,
ⓓ 인내력 및 자신감 충만으로 실패에 대한 두려움이 적어 진취성이
　　뛰어나고,
ⓔ 책임감, 리더십이 강화되어 리더 역할을 하게 됩니다.

● **시각적 통찰력이 낮은 아이**는 우선적으로 이루고자 하는 성취욕구가 약하며 주의가 산만하고 인내력 및 자신감의 결핍으로 주어진 상황에 대한 파악력 및 적응력이 부족하여 매사에 덤벙대며 방

향 감각을 잘 잃게 됩니다. 늘 생각이 조급하여 나서기는 잘하지만 행동과 노력에 비해 실질적 효과가 적게 나타납니다. 따라서 시험공부는 벼락치기를 선호하고 계획성 있는 준비가 부족하여 끈기가 적고 목표가 없으며, 포기를 잘하며 매사에 발전 속도가 느리고 성취 욕구가 약하게 드러나게 됩니다. 이러한 아이들은 책임감이 약하고 리더십이 떨어져 남 앞에 서는 것을 꺼려하고 심한 경우 가슴이 두근대고 호흡이 높아져 말을 제대로 하지 못하기도 합니다. 또한 자신감이 없어 다른 사람의 눈을 똑바로 바라보지 못하고, 집에서나 아는 사람들 앞에서는 산만하다 싶을 정도로 나서기도 하지만, 낯설거나 많은 사람들 앞에 서면 가슴이 떨려 말을 하지 못하는 소심증을 드러내기도 합니다. 어떤 장면을 봤을 때 전체적인 감각은 느끼나 세밀한 부분은 기억하지 못하는 경향이 많은데 이것은 시각적 상황 인식의 부족과 시각적 주의 집중력의 약화를 보이기 때문입니다. 이처럼 시각적 통찰력이 낮은 아이들은 장차 내성적인 성격의 소유자가 될 확률이 높습니다.

평소 소심증에 다른 사람들과 잘 어울리지도 않는데 두뇌 진단 시 시각적 통찰력 부분이 높게 나오는 경우는 TV, 컴퓨터, 오락기 등 영상 매체에 많은 시각적 노출이 되었기 때문입니다. 따라서 우뇌의 시각적 통찰력과 좌뇌의 언어사고력 부분은 항상 연결고리를 갖고 있기 때문에 양쪽이 잘 발달되어 있다면 사람들 앞에 서서 설득력 있게 말을 잘하겠지만, 양쪽이 모두 발달되지 않은 경우에는 앞에 나서지도 못하는 것은 물론이고 나서더라도 눈을 마주치지 못하고 말도 하지 못하게 됩니다. 언어사고력은 잘 발달되어 있는데 시각적 통찰력이 발달되지 못한 아이는 집에서는 호랑이처럼 잘 떠드는 데 비해 나가면 엄마 뒤로 숨어 버리는 현상이 나타나게 되고, 반대인 경우는 영상 매체에 너무 많이 노출된 아이로 보면 됩니다.

요약하면, 시각적 통찰력 발달이 낮은 아이는,
ⓐ 성취욕구가 약하여 진취성이 부족하게 나타나며,
ⓑ 주어진 상황에 대한 파악력 및 적응력 부족으로 학업은 물론이고 사회성이 떨어지고,
ⓒ 주의 산만으로 실수가 많으며,
ⓓ 인내력 및 자신감 결핍으로 성취력이 부족하고,
ⓔ 책임감이 약하고 리더십이 떨어져 리더 역할을 하지 못하게 됩니다.

● 시각적 통찰력을 잘 발달시키기 위해서 어떻게 해야 할까요?

시각적 통찰력은 21세기 사회가 가장 요구하는 것이고 리더가 되고자 하는 사람들에게 있어서는 반드시 갖추어야 할 부분입니다. 따라서 저연령 시기부터 이 부분을 잘 발달시켜 주어야 성장하면서 리더성을 나타낼 수 있습니다. 우선 아이 스스로가 할 수 있다는 자신감을 갖는 게 중요합니다. 그렇기 때문에 누군가 아이 옆에서 대신 말해 주고, 대답해 주고, 행동해 주고, 보호해 주는 것을 통한 자신감은 자신감이 아닙니다. 아이 스스로 행하면서 자신감을 갖도록 하면서 특히 미래의 꿈을 갖게 하고 상상력을 길러 주어야 합니다.

　요즘 부모들은 자녀의 과보호와 살인적인 학습 시간으로 인해 아이들이 친구들과 어울리는 것은 물론이고 타인과 만나 이야기를 나누는 경우도 거의 없습니다. 그러다 보니 아이들은 행동의 폭이 좁아지고 대화의 폭도 좁아지게 됩니다. 시각적 통찰력을 길러 주기 위해서는 많은 사람을 만나게 하고 그 사람들과 자유롭게 대화를 나누도록 해 주는 것이 정말 중요합니다. 그렇다고 거리에 나가 아무 사람이나 붙잡고 이야기를 나누라는 것은 아닙니다. 엘리베이터 안에서, 시장에서, 학교를 오고 가는 길에서, 예식장 등에서 아이는 몰라도 부모가 아는 사람들과 이야기를 나누도록 하는 것이 가장 자연스럽고 좋습니다. 물론 절대로 부모가 아이 대신 나서서 대답하지 않도록 해야 합니다. 아이가 대화를 할 때는 상대방의 눈을 똑바로 바라보게 유도하도록 합니다. 시각적 통찰력과 주도적인 아이로 성장시키기 위해서는 여러 사람 앞에 서서 눈을 똑바로 보며 토론이나 발표하는 기회를 많이 갖도록 해 주는 것이 좋습니다.

　아이가 마트 등에서 직접 물건을 사 보는 것도 좋으며, 책을 읽다가 나온 그림이나, 다른 그림을 보여 주며 상황을 설명한 후 그림을 감추고 무엇을 보았는지 말하게 하여 시각적 상황 인식과 주의 집중력을 키워 주는 것도 좋습니다. 특히 시각적 통찰력이 발달하기 위해서는 외향적 성격이 필수적이기 때문에 어려서부터 외향적 놀이 활동을 적극적으로 펼치도록 해 주어야 합니다. 놀이 활동 시 억압하지 말고 제약 없는 놀이 활동을 하게 하고, 학습에 있어서도 시청각 자료를 많이 활용하도록 합니다. 물론 부모의 적극적이고 외향적 생활 습관도 아이에게 중요하게 작용합니다. 다시 정리하면 통찰력을 키워 주기 위해서는 유아기 때부터 많은 사람을 만나게 하고 모든 일을 스스로 하게 하며 주변을 살피고 배려하는 마음과 희생정신을 가질 수 있도록 하여 내가 도울 수 있는 일은 도울 수 있도록 해 주는 것이 좋습니다. 또한 논리성과 설득성을 가질 수 있도록 다양한 독서를 하도록 하며 누군가와 이야기를 하거나 발표를 할 때는 정확한 음성으로 전달할 수 있도록 하게 합니다. 물론 자신감을 가질 수 있도록 모험심을 길러 주는 것도 잊지 말아야 합니다.

환경	· 부모와 야외 활동을 많이 한다. · 또래 친구들과 자주 어울리게 한다. · 많은 사람과 만나고 스스로 대화하게 한다. · 발표할 수 있는 기회를 많이 만들어 준다. · 시각 집중적 놀이와 학습을 강화한다.
놀이 · 학습	· 이야기할 때 상대의 눈을 바라본다. · 놀이터에서 놀이 기구를 타게 한다. · 친구들과 어울려 놀게 한다. · 혼자 상점에서 물건을 사 오게 한다. · 무엇을 하든 끈기 있게 끝까지 하도록 한다. · 자신감을 가질 수 있도록 모험심을 기르게 한다. · 사물을 볼 때 전체적으로 또는 하나하나를 정확하게 볼 수 있도록 지도한다.

● 우뇌 기능 – 지각속독력

● **지각속독력**이란 순발력이라고도 하는데 상황의 변화를 올바르게 인지하여 신속 정확하게 능동적으로 적응하는 능력을 말합니다. 즉, 주변상황을 변별하는 감각의 인식 작용과 빠른 인지 능력을 의미하며 상황에 대한 감각을 깨닫는 인지 능력, 판별 능력, 적용 능력을 통틀어 지각속독력이라 합니다.

● **지각속독력이 높은 아이**는 행동이 빠르며 활발하고 운동을 좋아합니다. 따라서 동작이 산만하다 싶을 정도로 매우 민첩하게 움직이기 때문에 때때로 지적을 받는 경우가 있습니다. 눈썰미가 좋아지며 두뇌회전이 빨라지게 되어 주변 상황의 변화에 신속하게 적응하여 사태 파악이 예리하며 빠른 대처 능력을 보이기도 합니다. 학습활동에 있어서는 정확하고 빠른 이해력, 연산능력, 기억력, 독서 속도 등이 좋아지며 수업 시 선생님의 시선 파악이 잘 되고 독서 속도가 빠르며 다독을 하게 됩니다. 또한 상황을 빠르게 인지하여 신속 정확한 판단력을 보이게 되며 한 번 본 것이나 지나치며 슬쩍 들은 얘기도 잘 기억하며 길눈이 밝습니다. 자유로운 발상으로 창의력이 돋보이기도 하지만 거침없는 행동으로 저연령 시기에는 단체 생활에서 지적을 받기도 합니다.

요약하면, 지각속독력이 잘 발달된 아이는,

ⓐ 두뇌회전이 빨라지게 되고,

ⓑ 동작이 민첩하게 되며,

ⓒ 눈썰미가 좋아져 슬쩍 본 것도 잘 기억하고,

ⓓ 주변상황의 변화에 신속하게 적용하며,

ⓔ 학습활동에 있어서 정확하고 빠른 이해력, 연산능력, 기억력, 독서 속도 등이 좋아집니다.

● **지각속독력이 낮은 아이**는 상황 변화에 둔하여 두뇌회전이 느리고 생각이 무뎌 주변 상황의 변화에 빨리 적응하지 못하고 동작이 굼떠서 행동이 느리게 나타나게 됩니다. 눈썰미가 약해 길눈이 어

둡고, 독서 속도가 느릴 뿐 아니라 흥미를 갖지 못하고 책을 멀리합니다. 따라서 학습활동에 있어서도 이해, 계산, 읽기 속도가 느리고 많은 시간을 책상 앞에 앉아 있어도 공부 진도가 아주 느리고 얻는 효과가 적습니다. 그러다 보니 노력을 해도 얻는 것이 적고 답답하게 느껴지며 감각이 둔한 편입니다. 상대방의 표정이나 태도를 간파하지 못하고 자기 생각대로 하는 경향이 많으며 동문서답으로 인한 지적과 함께 자기도 모르는 사이에 누군가의 질문에 항상 틀리거나 다르면 어떻게 하나 하는 강박관념에 시달리고 있는 경향이 많게 됩니다. 즉, 지각속독력이 느린 아이들은 주변 자극에 대한 반응 속도가 매우 느리고, 지나친 강박관념으로 인해 의사 결정이 느리고 우유부단한 모습을 보이며 억압된 사고방식으로 인해 쭈뼛거리는 행동을 많이 보이는 것입니다.

　이러한 아이들의 일차적인 책임은 부모나 가르치는 교사에게 있습니다. 부모나 교사의 지속적인 사랑을 받지 못했거나 매사에 비판적인 언어를 사용하며 어떤 목적을 이루는 데도 과정보다는 결과를 중시하는 생활태도와 열린 분위기가 아닌 경직된 분위기 속에서 학습을 하게 하며, 칭찬과 격려에 인색하여 아이로 하여금 강박관념과 강박행위를 심화시키는 경우 지각속독력 발달이 더디게 나타납니다. 결국 이러한 환경 속에서 자란 아이들은 자유로운 발상을 하지 못하며 소극적 행동과 함께 우유부단함을 보여 의사 결정이나 행동이 매우 느리게 되는 것입니다.

　요약하면, 지각속독력 발달이 낮은 아이는,
　ⓐ 두뇌회전이 느리고 생각이 무디고,

ⓑ 동작이 굼떠서 행동이 느리며,

ⓒ 눈썰미가 약해지고,

ⓓ 주변상황의 변화에 빨리 적응하지 못하며,

ⓔ 학습활동에 있어서 이해가 느리고, 계산, 독서 속도가 느릴 뿐만 아니라,

ⓕ 조금만 경직된 주변 환경에도 쉽게 강박관념에 시달리게 되는 경우가 많습니다.

● **지각속독력을 발달시키기 위해서**는 어른들의 생각에 맞추어 규칙이나 규율을 앞세워 자유로운 발상이나 거침없는 행동들을 너무 제약하지 말아야 하고 놀이, 학습 또는 독서를 할 때 빨리 보고 정확하게 기억하는 훈련을 많이 하면 좋습니다. 이렇게 하기 위해서는 함께 책을 읽으며 서로 이야기를 주고받는 것이 좋으며 읽고 나서 즉시 질문을 하고 정확한 음성으로 짧게라도 대답을 하도록 유도하는 것이 좋습니다. 행동이 굼뜬 것은 본인이 흥미가 없거나 어려서부터 누군가 대신 챙겨 줬기 때문에 생긴 습관이므로 무엇이든 스스로 하게 하며 반드시 끝까지 하도록 해야 합니다. 즉, 글을 쓸 때도 몇 단어 이상을 몇 분 내에 써야 한다고 정해 주는 것이 좋습니다. 그렇지 않으면 세월아 네월아 할 수 있기 때문입니다.

컴퓨터 게임 등을 통해 흥미 갖기와 지속력을 길러 주는 것도 좋지만, 저연령 때부터 몸을 많이 움직이도록 하는 것이 더 좋습니다. 그렇게 하기 위해서는 다양한 게임을 통해 하는 것이 좋은데 신문지 한 장 놓고 돌다가 신호에 의해 먼저 앉기라든가, 의자 하나 놓고 돌다 앉기, 거실 등에 마주 앉아 공을 한 번 튀겨서 받기 등이 좋습니다.

또한 불규칙적인 운동을 꾸준히 하도록 합니다. 불규칙적인 운동에는 자전거 타기, 롤러블레이드 타기, 줄넘기, 배드민턴 등이 있습니다.

환경	・결과보다 과정을 중시하는 지도를 한다. ・칭찬과 격려를 적절히 한다. ・규칙적으로 가벼운 운동을 한다.
놀이・학습	・능력에 맞는 놀이와 학습 지도를 한다. ・빨리 보고 정확하게 기억하는 훈련을 한다. ・야단치기보다 때에 맞춰 칭찬을 자주 한다. ・실수할 때 꾸중보다는 격려를 한다. ・줄넘기, 배드민턴, 롤러블레이드 등 불규칙적인 운동을 하도록 한다.

연령에 따른 좌·우뇌의 기능형성

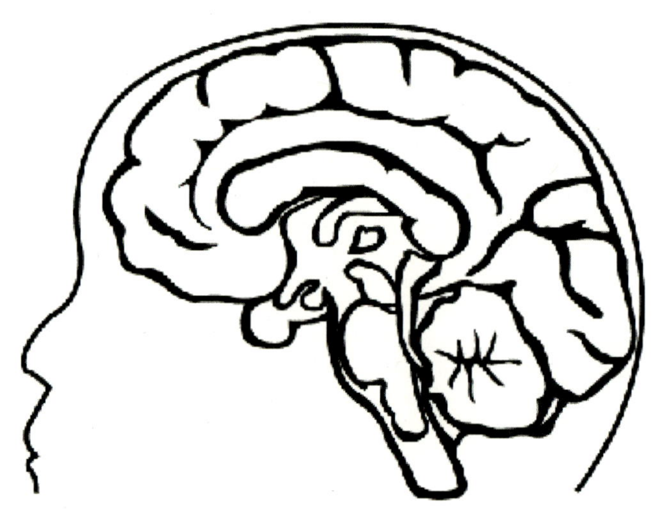

"사람은 태어날 때 우뇌 기능만 갖고 태어난다"

우리의 두뇌는 좌반구와 우반구로 나뉘어져 있으며, 그 기능이 각기 다르다고 했습니다. 좌뇌는 언어뇌로 주로 학습을 담당하며, 우뇌는 이미지, 감성, 창의성 등을 담당한다고 했습니다. 그런데 이 뇌의 기능들은 태어나면서 한꺼번에 형성되는 것이 아니라 자라면서 그

환경에 영향을 받으며 형성됩니다. 동물들은 태어나자마자 평생 필요한 뇌 기능이 형성되기도 하지만, 사람은 약 14년 길게는 20년에 걸쳐 형성 발달이 됩니다. 특히 태어나면서는 우뇌의 가장 기본적인 기능만 갖고 있기 때문에 거의 본능적으로 움직이는 것입니다. 이제 두뇌의 좌·우뇌 기능의 형성 시기에 따른 발달 상황에 대해 알아보도록 하겠습니다.

사람이 태어날 때 이미 1천억 개의 뇌세포는 형성이 되어 있지만, 네트워크가 서로 연결이 되어 있지 않아 사람으로서의 역할은 하지 못합니다. 오로지 본능적으로만 행동을 하게 되는데 거의 1년여 동안에 걸쳐 이 시기에 꼭 필요한 것들이 발달하게 됩니다. 소는 태어나면서 약 10분 전후로 하여 일어서며 어미를 알아보고 다가가 어미의 젖을 빨게 됩니다. 이것은 소에게 필요한 평생의 뇌 기능이 이 짧은 시간에 모두 완성된다는 것을 의미합니다. 반면 사람의 두뇌는 복잡한 만큼 발달과 형성 시간이 오래 걸립니다. 그렇다고 해서 무한정으로 형성되는 것이 아니라 사람에게도 시기가 있습니다. 그 시기에 어떤 환경에서 어떻게 잘 발달시키느냐에 따라 좌뇌 기능이나 우뇌 기능의 한쪽으로 치우치지 않고 양쪽 뇌를 고르게 활용할 수 있게 되는 것입니다.

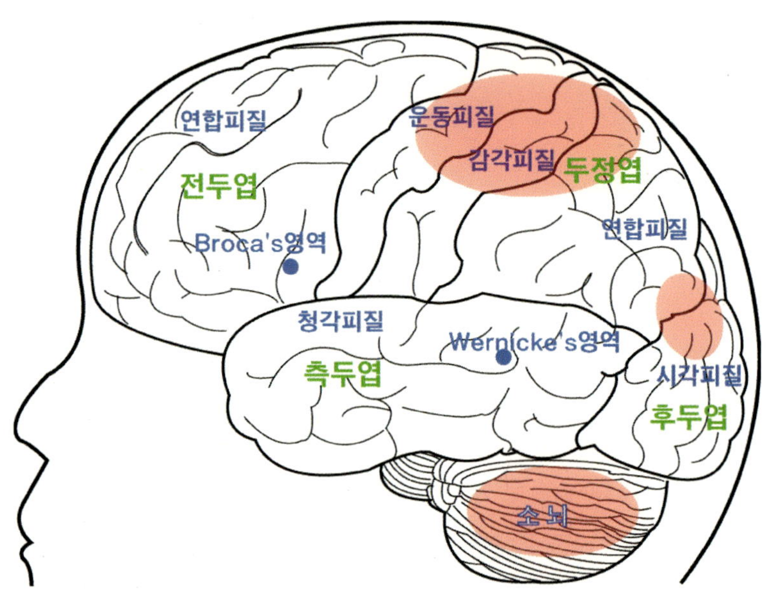

생후 3개월이 지나가면서 아기의 뇌신경 회로가 급속도로 성장하고 확장되는 시기이기 때문에 다양한 자극을 주어 반응을 얻어 내야 합니다. 아기가 눈으로 보고, 손으로 만지고, 귀로 듣고, 몸을 움직이는 등 모든 감각을 사용하면서 자꾸 새로운 지식을 늘려 나가고자 하는데 이때 엄마는 아기와의 커뮤니케이션을 늘려 나가는 데 정성을 다해야 합니다. 생후 4개월을 전후하여 아기의 시야는 크게 넓어지고 시선이 가는 대상도 많아져서 두뇌발달이 촉진되는 자극의 종류도 다양해지게 되기 때문에 여러 가지 물건을 잡아 볼 수 있게 하거나 소리를 내서 소리가 들려오는 방향을 알아맞히도록 유도하는 등 보다 많은 감각적 자극을 주어야 합니다. 이때까지는 수유, 낮잠, 목욕 등 규칙적인 생활 리듬을 지켜 나가며 부모의 보살핌이 아기의 두뇌 발달에 매우 중요한 역할을 하게 되는데, 생후 6개월 정도가 지나면서 아기는 그동안 부모로부터 제공받은 환경과 여러 가지 다양한 자극에 의한 경험과 학습의 결과로 다른 아기들과 똑같아 보이던 모습에서 자신만의 모습을 드러내는 시기에 들어서게 됩니다. 남아는 남자아이답게, 여아는 여자아이답게 변해 가는 것을 느낄 수 있게 되는데 이 시기에는 놀이를 통해 집중력과 사고력을 길러 주도록 해야 합니다. 장난감을 어지럽게 늘어놓더라도 간섭이나 방해하지 말고 놀이에 집중하는 습관을 길러 주는 것이 두뇌발달에 좋은 영향을 미칩니다.

생후 12개월 정도가 지나면서 아기는 손 중심으로 하던 두뇌자극 활동이 다리까지 확장됨으로써 두뇌 자극이 다양하고 광범위하게 이루어지게 됩니다. 따라서 아이의 동작도 점차 두뇌를 사용하는 어려운 동작으로 옮겨 가고 동시에 말을 배우고 싶은 의욕이 왕성해지는 시기로 접어들게 됩니다. 즉, 이제까지는 아기가 모든 행동을 거의 본능적으로 움직이는 우뇌 중심이었지만 조금씩 좌뇌 기능이 가담하는 단계로 전개되어 나가게 되는 시기라는 것입니다. 이 시기의 특징으로 아기는 가장 귀엽게 보이고 모든 것에 열중하며 항상 즐거워합니다. 꼭 원숭이처럼 보고 원숭이처럼 행동합니다. 하지만, 부모의 작은 제재에 저항을 나타내기도 합니다. 손을 많이 움직이게 되어 무엇인가 가리킨다거나 위험성을 모르고 아무 것이나 집어 들거나 손에 쥐려 하는 등 손으로의 탐험을 거의 무의식적으로 행합니다. 물론 걸음마를 통해 운동 활동이 다리까지 확장되어 나타나게 됩니다. 중요한 것은 아직까지 우뇌의 기능이 **98%**를 장악하고 언어와 학습 등을 관장하는 좌뇌 기능은 2%에 불과하기 때문에 말을 하려는 욕구는 강하지만, 입을 사용하여 말을 하기보다는 몸을 통해 표현을 하는 경우가 훨씬 많게 나타납니다. 이 시기의 부모는 아기의 의욕을 북돋워 줄 수 있는 칭찬과 격려를 아끼지 말아야 하며 손을 많이 사용할 수 있도록 하여 두뇌발달은 물론이고 아기의 소 근육과 대 근육이 잘 발달할 수 있도록 환경 여건을 잘 조성해 주어야 합니다.

첫돌이 지나가면 부모는 어느 정도 아이 양육에 자신감을 갖게 되는데 이런 마음의 자세가 아이의 인격에 대한 배려를 소홀히 하거나 관심을 줄이는 결과를 낳게 할 수 있습니다. 아이의 자아가 형성되는 시기이기 때문에 강제로 시키는 것을 싫어하므로 강제성을 띠지 않도록 조심해야 하며, 개성이 풍부해지는 만큼 아이와의 접촉하는 방법을 바꿔야 합니다.

● 생후 18~24개월
　　(우뇌 기능의 가동률 90%, 좌뇌 기능의 가동률 10%)

이 시기에 중요한 것은 풍부하고 다양한 체험을 통해 모든 감각 기능을 최대한 발달시키는 데 있습니다. 첫돌이 지나면서 감각을 담당하는 신경 회로가 거의 완료되지만 감각 기능의 발달은 계속 됩니다. 특히 이때에 아이의 대뇌는 활발하게 작동하면서 감각 기능 발달과 지적 사고 능력 발달을 촉진시키면서 사물에 대한 시각적 집중력이 향상되어 사물을 관찰하는 능력이 발달되고 동그라미, 세모, 네모 등의 모양을 구별할 수 있게 됩니다. 아울러 빨강, 파랑, 노랑의 삼원색

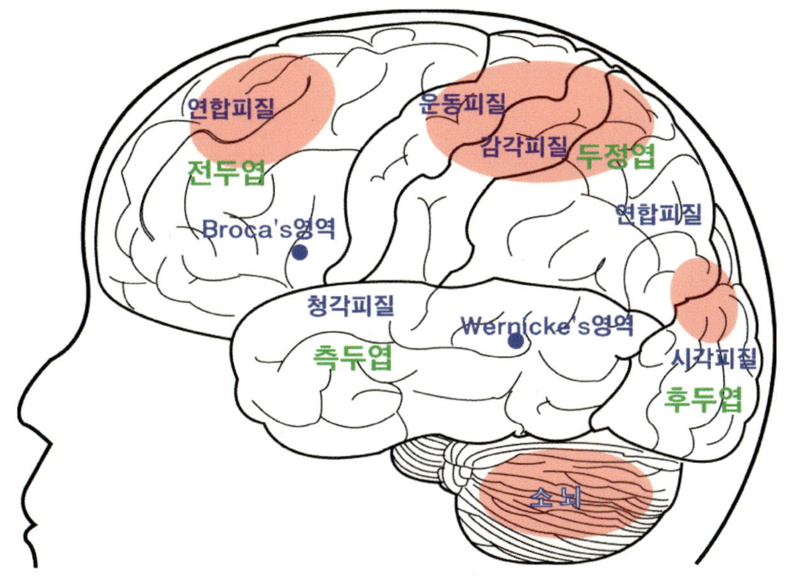

외에 좀 더 복잡한 색 배합도 식별하게 됩니다. 따라서 이 시기에는 여러 가지 색이나 모양을 보여 주어 전두엽은 물론이고 두정엽과 후두엽의 활성화를 통해 색채 감각이나 조형 감각의 발달이 원만히 이루어질 수 있도록 해야 합니다.

두뇌의 기능은 아직 우뇌의 기능이 주도하에 있으면서 좌뇌의 기능이 약 10% 가동되는 시기이기에 다음과 같은 특징을 나타냅니다.

- 대표적인 우뇌 기능인 호기심이 강하게 나타납니다.
- 작은 감정에도 쉽게 울거나 웃는 감정적인 요요현상이 나타나기도 하지만 아직까지는 거의 모든 일에서 즐거움을 찾습니다.
- 좌뇌 기능이 자리 잡지 못했기 때문에 생각하기보다 행동이 앞섭

니다.

- 힘이 넘쳐 활동성이 매우 강하고 무엇이든 해 보려 하는 도전 정신이 강하게 보이며, 거절되거나 이루지 못했을 때는 난폭함을 보이기도 합니다.
- 자신이 좋아하는 것에는 스스로 해 보려는 것과 함께 짧은 집중력이 보이기도 합니다.
- 제한된 언어 속에서 몇십 개 정도의 단어를 활용하며 알고 있는 단어를 통해 간단한 문장을 만들어 구사하기도 합니다.

이 시기가 되면 부모님들은 매우 치밀한 교육 계획을 세우기 시작합니다. 벽에 글자판을 붙여 놓고 글자를 가르치려 하며, 아직 말도 제대로 하지 못하는데도 불구하고 학습지 등을 통해 선행학습을 시키고 싶어 합니다. 다른 아이보다 조금이라도 일찍 글을 가르쳐 아이가 깨우쳐 알기라도 하면 부모는 매우 만족스러워하며 아이가 커가면서 공부를 아주 잘할 것이라는 자가당착에 빠지기도 합니다. 앞에서도 언급했지만, 이 시기의 아이는 아직 글을 배울 수 있는 언어뇌가 발달하지 못한 상태이기 때문에 무리한 학습은 두뇌발달에 치명적 스트레스를 가져올 수 있습니다. 따라서 눈에 보이는 학습을 시키려 하기보다는 모든 것의 밑바탕이 되는 두뇌발달을 위해 부모가 소리 내어 말한 것을 따라 하기와 손을 많이 사용할 수 있는 그리기와 색칠하기, 그리고 만들기 등을 많이 시키는 것이 좋습니다. 아울러 소뇌의 균형감각과 두정엽의 입체 감각을 키우기 위해서라도 힘이 들겠지만 무리하지 않는 상황 속에서 많이 걸을 수 있는 환경을 조성해주는 것이 좋습니다. 그리고 이 시기부터 아이는 자기 눈에는 자기만 보이는 자기중심적 행동을 일삼기 때문에 기본적인 생활 습관을 통해 질서를 잡아 나가는 것이 매우 중요합니다. 한 번 습관으로 두뇌에 자리한 것은 자라면서 고쳐 나가기가 매우 어렵기 때문입니다.

- 생후 24~36개월
  (우뇌 기능의 가동률 80%, 좌뇌 기능의 가동률 20%)

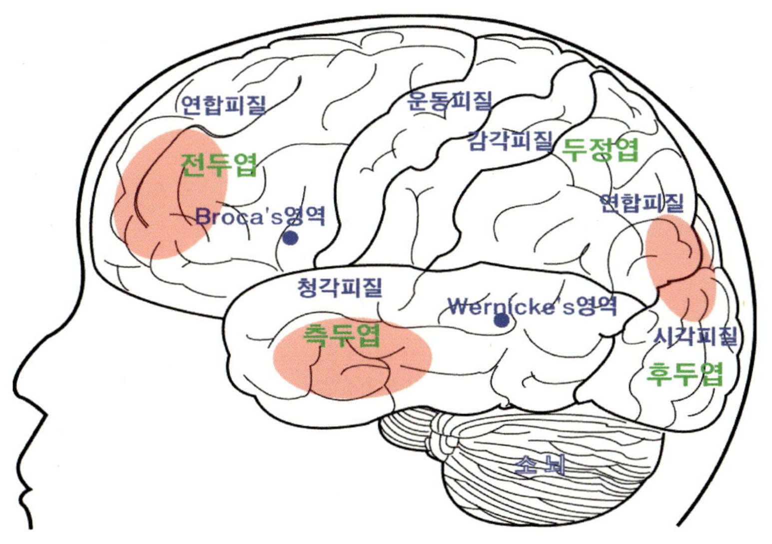

이 시기는 유아의 두뇌발달 과정에서 좌뇌와 우뇌의 기능 분할의 징후가 뚜렷하게 나타나기 시작하고 직접 부딪치며 터득한 자신의 체험을 바탕으로 지능을 갈고 닦아 가는 시기입니다. 특히 이때의 다양하고 가변성 있는 경험 활동은 좌뇌와 우뇌 기능의 균형과 조화를 이루게 하는 뇌기능 발달을 촉진시켜 주는 계기를 마련해 주고 있습

니다.

이제까지는 엄마와의 스킨십이 아이와의 주된 교류 수단이었다면 이제부터는 언어와 정신적인 접촉이 주된 교류 수단이 됩니다. 따라서 감정은 쉽게 노출되어 부모가 빠르게 감지할 수 있지만 정신세계는 쉽게 노출이 되지 않으므로 부모는 아이들의 형태와 의식의 흐름을 면밀히 관찰하면서 생활 지도를 해 나가야 합니다.

두뇌 기능의 발달은 이제까지 중심적으로 활발하게 움직이던 우뇌 기능에 좌뇌 기능이 적극적으로 간섭하는 시기로 우뇌 기능이 약 80%, 좌뇌 기능이 약 20% 가동되면서 나타나는 특징은 다음과 같습니다.

- 이제까지도 가장 크게 나타났던 호기심이 더욱 강화되게 되면서 늘 분주함을 보이지만 그에 따른 주의력도 증진되게 되면서 산만함이 줄어들기도 합니다.
- 의사소통이 점차 늘어나고 주변 환경에 적응되면서 질서와 규칙, 그리고 무엇엔가 비교하는 것에 대해 커다란 관심을 드러내게 됩니다.
- 이제까지는 자기 자신만 고집했던 행동들이 이성의 간섭으로 말미암아 부모를 기쁘게 하는 것이 무엇인가를 파악하고 부모를 기쁘게 행동하는 것을 좋아하게 됩니다.
- 아직까지는 언어사고력이 발달하고 있지 않기 때문에 단타적인 말을 주로 사용하고 나와 너의 혼동 속에서 단호한 의사소통을 보이기도 하지만 말 재주꾼이 나타나기도 합니다.
- 신체의 발달과 두뇌 운동피질의 발달로 출발, 정지와 같은 조절 능력이 생기기는 하지만 아직 부족하여 잦은 사고를 일으키게 됩니다.

이 시기에는 그야말로 천방지축인 아이들이 많이 나타납니다. 그만큼 활동성이 강하고 호기심이 강화되었기 때문에 무엇이든 만져 보고 싶고, 무엇이든 해 보고 싶기 때문입니다. 그렇기 때문에 이 시기에 부모들이 아이에 대해 가장 많이 실패를 경험하게 됩니다. 가장 귀여우면서 똑똑함을 보이기도 하기 때문에 부모들이 원칙을 따르게 하기보다는 아이의 행동을 그대로 보아 넘기는 경우가 많기 때문입니다. 그러나 세살 버릇 여든까지 간다는 속담이 있듯이 이 시기에 원칙의 적용을 시키지 못하면 이후에는 변화시키기가 매우 어렵습니다.

따라서 사회성을 키우고 질서의식과 원칙을 적용시키기 위해서는 강압적으로 혹은 훈련을 통해서 하기보다는 부모 스스로가 행동으로 또는 언어로 본을 보이면서 따라 하도록 해야 합니다. 부모가 아이에게 존댓말을 가르친다면서 부부 서로 간에는 반말을 주고받으며 아이에게는 존댓말을 사용하는 우를 범해서는 안 됩니다. 아직 좌뇌 기능의 논리성이 발달되지 않은 아이는 당연하게 어른은 아이에게 존댓말을 사용하고 자기들은 엄마 아빠에게 반말을 사용하는 것으로 알게 되기 때문입니다. 그러나 할아버지 할머니에게 혹은 부부 서로 간에는 존칭을 사용하고 아이에게는 반말을 사용하며 원칙 있는 생활 태도를 보인다면 아이는 생활 속에서 규칙과 질서를 배우게 되고 그것이 자리하게 되면 평생의 습관으로 나타나게 될 것입니다. 또한 이 시기가 되면 왼손을 주로 사용하는 왼손잡이와 오른손잡이의 구분이 뚜렷하게 나타나기 시작하는데 왼손을 많이 사용하여 우뇌를 발달시키는 것은 좋지만, 글씨는 오른손으로 쓰도록 하는 것이 좋습니다. 이 시기에 오른손을 많이 사용하는 것은 언어 기능의 발달을 가져옵니다. 왼손잡이는 물건을 사용하므로 우뇌가 발달하지만, 오른손잡이는 글을 쓰면서 좌뇌가 발달하기 때문입니다.

- 생후 36~48개월
  (우뇌 기능의 가동률 70%, 좌뇌 기능의 가동률 30%)

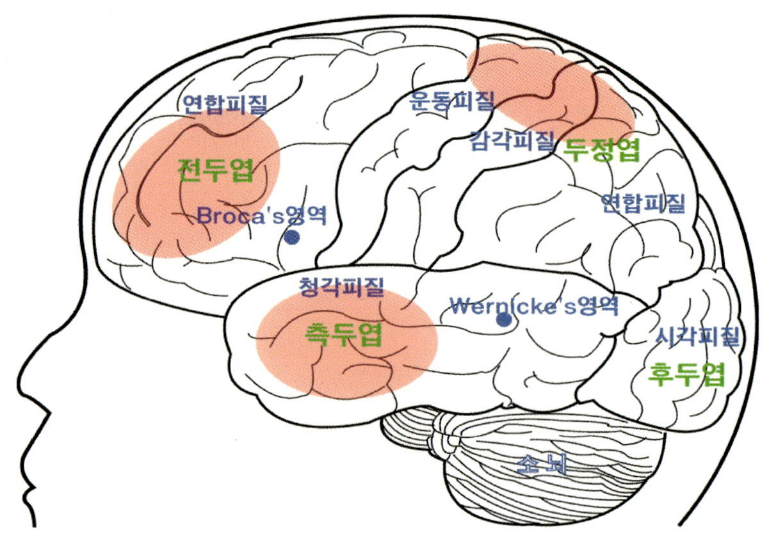

태어나서 만 3세까지는 두뇌발달을 위한 기초공사를 하는 시기였다면 이 시기에는 기초공사를 한 토대 위에 일생 동안 살아갈 집의 골격을 세우는 종합 공사 과정이라고 할 수 있습니다. 이 시기는 좌·우뇌의 전두엽이 집중적으로 발달하면서 종합적 사고 기능 형성이 왕성하게 진행되는데 이때의 종합적 사고 기능은 한 가지 사물(또는 상황)을 여러 각도에서 보고 많이 느끼고 다양하게 인지하며 사고하는 기능을 말합니다. 따라서 종합적 사고 기능의 형성은 다양하고 가변적인 경험과 생활 지도가 짜임새 있게 이루어져야 좋은 결과를 얻을 수 있습니다.

이 시기에서의 두뇌발달 교육은 부모님이 베푸는 일상의 생활 지도가 갖추지 못한 전문성과 효율성을 보완하여 조기 교육의 상승효과를 높이는 데 목표를 두어야 합니다. 특히 아이들의 종합적 사고 기능을 발달시킨다는 것은 의욕만 가지고는 안 되며 전문 지식과 이에 상응하는 접근 방법이 필요합니다. 따라서 이 시기에는 먼저 두뇌 기능의 영역을 깨달아 알고 어느 영역이 아이에게 부족하게 나타나고 있는지를 파악하여 그에 따라 부족한 기능을 보완, 향상시키는 교육을 함으로써 좌뇌의 기능과 우뇌의 기능이 균형과 조화를 이루며 종합적 사고 기능 형성이 제대로 이루어지도록 해야 하는 것입니다.

이 시기 두뇌 기능의 발달은 우뇌의 기능이 약 70%, 좌뇌의 기능이 약 30% 형성이 되면서 나타나는 특징은 다음과 같습니다.

- 좌뇌의 기능이 본격적으로 드러나기 시작하면서 그동안 행동으로 표현되기 부분들이 말로써 표현되기 시작합니다.
- 우뇌 기능의 호기심에서 발생되었던 풍부한 상상력에 논리성이 더해지기 시작하면서 자신의 생각을 통한 대화가 이루어집니다.
- 자신의 생각을 종이에 옮기는 등 학습에 대한 욕구를 많이 나타내기도 합니다.
- 무엇이든 할 준비가 되어 있지만 아직까지는 단순 생각에 머물러 있기 때문에 흥미를 끄는 오락 등 한 가지에만 치중하는 폐단이 생기기도 합니다.
- 좌뇌의 언어 기능이 발달하면서 일천 단어 이상을 사용할 수 있

게 되며 쉴 틈 없이 질문을 쏟아 놓게 됩니다.

- 시간에 대한 개념이 생겨 시간에 관계된 언어를 많이 사용하게 되며 엉뚱하기보다는 자기가 아는 사실을 토대로 하여 추론하기도 합니다.

이 시기가 되면 부모들이 매우 바빠지게 됩니다. 왜냐하면 아이들이 모든 교육을 받을 준비가 되어 있으면서 호기심이 놀이에서 학습으로 전개되는 경우가 대부분이기 때문입니다. 이러한 아이들의 변화를 통해 부모들은 무분별한 단순학습과 아이가 감당할 수 없을 정도로 많은 학습을 제공하기 시작하면서 부모 자신도 모르는 사이에 다른 아이들과 비교 우위에 대해 자주 말하게 되어 아이들이 비교 의식을 갖게 됩니다. 이러한 과정 속에서 아이들은 부모에 대한 반항심이 생기기도 합니다.

따라서 이 시기에는 부모의 욕심에 의한 단순학습보다는 아직 논리성이 부족한 상태이기 때문에 다양한 역할 놀이나 활동 혹은 체험을 통한 교육이 좋습니다. 왜냐하면 아직까지는 집중력이나 끈기력이 그리 길지 않게 나타나기 때문에 부모가 학습의 양을 정해놓고 무리한 규칙 속에서 완수하도록 한다면 아이는 자신도 모르는 사이에 커다란 스트레스를 받을 수 있기 때문입니다. 오히려 이 시기에 언어를 담당하는 브로카 영역과 베르니케 영역의 발달과 활성화를 위해 부모가 책을 읽어 주고 나서 이야기를 나누거나, 그림을 보고 아이 스스로 이야기를 만들어 부모에게 말을 할 수 있도록 하는 것이 글자 하나, 숫자 하나를 강압적으로 알게 하는 것보다 훨씬 좋습니다. 엄마가 시간을 정해 놓고 책을 읽어 주며 이야기를 나누거나 아이가 말을 하는 것을 들어주는 과정을 통해 엄마와의 애착관계 형성이 매우 돈독해지는 것은 물론이고 자라면서 책을 더 가까이 할 수 있게 되기 때문입니다.

- 만 5세~6세
  (우뇌 기능의 가동률 60%, 좌뇌 기능의 가동률 40%)

앞에서도 언급했듯이 이 시기에는 종합적 사고 기능을 나타내는 전두엽 발달이 두드러진 특징으로 나타납니다. 전두엽은 종합적 사고 기능 외에도 인간성, 도덕성과 예절 감각 등을 담당하는 기능을 가지고 있기 때문에 이 시기의 아이들은 제대로 된 교육을 받고 나면 기본생활 습관을 그대로 행동으로 나타내게 됩니다. 유치원 생활의 마지막과 초등학교 1학년에 입학하게 되는 이 시기의 아이들을 보면 거의 모든 행동에 있어서 나무람이 없을 정도로 잘하게 됩니다. 해야 될 것과 하지 말아야 될 것, 좋은 것과 나쁜 것, 미움과 사랑 등을 뚜렷하게 구분하여 부모님이나 선생님, 그리고 친구들에게도 행동이나 언어에 대해 조심하게 됩니다.

이제 좌뇌 기능이 강하게 치고 올라와 우뇌 기능을 억제하려는 이 시기에 나타나는 특징을 살펴보면 다음과 같습니다.
- 엄마와의 애착관계 형성을 끝내고 아빠와의 애착관계 형성이 시작되어 엄마의 말을 잔소리로 듣기 시작합니다.
- 사용하는 어휘 수가 많아지며 자신의 생각을 분명히 말하기도 하지만 아직 논리성 발달이 부족하여 글로 표현하기는 어렵습니다.

- 알고자 하는 것들이 많이 생겨나게 되고 그 알고자 하는 것에 자신의 생각까지 더해 끊임없이 질문을 하게 됩니다.

- 다양한 책을 접했던 이제까지와는 달리 자신이 좋아하는 분야의 책만 탐독하게 되는데 읽은 책을 몇 번씩 읽지만 전체 줄거리를 요약하는 힘은 매우 부족하게 나타나지만 어느 한 부분은 대화체까지 기억하는 부분 기억능력이 강하게 드러나게 됩니다.

- TV, 컴퓨터, 게임 등에 몰두하는 현상이 나타나기도 하는데 이러한 아이들은 언어발달의 저해를 가져와 언어구사력이 부족하게 나타납니다.

- 좋아하는 친구와 싫어하는 친구의 구분이 생기게 되며 친한 친구들과만 어울리려 합니다.

- 자신도 가정의 일원이라는 생각을 하게 되어 부모를 도와 무슨 일이든 하려 합니다.

- 자아의 개념이 드러나기 시작해 가정에서는 말도 잘하고 행동도 잘하다가도 조금 낯선 사람이나 친구들 앞에서는 말을 하지 못하거나 나서려 하지 않는 수줍음이 드러나기도 합니다.

이 시기에는 전두엽의 발달도 왕성하게 나타나지만 무엇보다 강한 발달을 보이는 것은 언어를 담당하는 측두엽입니다. 측두엽 발달에 가장 좋은 것은 저연령 시에는 부모가 많은 책을 읽어 주는 것이고, 글을 알고 난 다음부터는 소리를 내어 책을 읽는 것입니다. 내가 소리를 내어 읽은 책을 다시 듣고 이해하기는 결코 쉽지 않습니다. 하지만, 그것이 습관이 된다면 학년이 올라가면서 언어사고력, 이해력은 물론이고 상황 판단력까지 갖추게 될 것입니다.

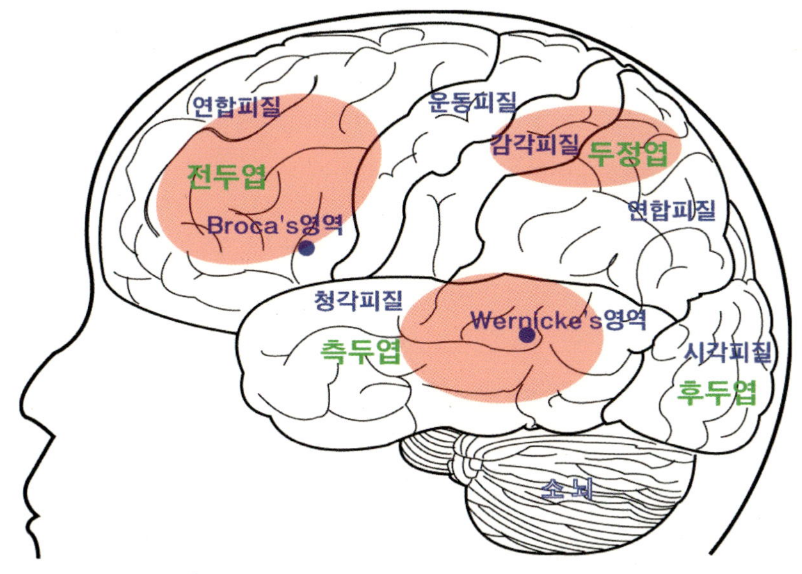

  2차 상징문자인 한글, 영어는 구체적인 형태를 띠지 않는 기호이기 때문에 아이들이 습득하기가 쉽지 않습니다. 따라서 언어를 전문적으로 담당하는 측두엽이 본격적으로 발달하는 이 시기에 문자 교육을 진행하는 것이 효과적이며 순리적입니다. 초등학교 취학에 대비한다고 부모들이 이 시기 이전부터 한글이나 수 교육에 관심을 갖고 과잉학습으로 치중한다면 커다란 부작용을 낳기가 쉽습니다. 특히 조기영어 교육은 더욱 많은 부작용을 낳는 결과를 가져오기 때문에 대책없이 주변의 분위기에 휩쓸려 남을 따라 하는 조기교육은 재고할 필요가 있습니다.

  유치원을 졸업하고 초등학교에 들어가게 되면 우리의 두뇌가 모든 학습을 받아들일 준비가 다 되었다고 생각하게 되는데 절대로 그렇지 않습니다. 특히 아직 대뇌가 학습을 받아들일 준비가 안 된 아이에게 부모의 욕심으로 너무 앞서서 많이 가르치게 되면 아이는 적응력의 부족으로 강한 스트레스를 받게 되고 이런 상황이 지속되면 '과잉 학습 장애'라는 일종의 정신 질환을 앓게 됩니다. 공부하기 싫다고 난폭한 행동을 한다든지 다른 사람과의 대화를 하지 않으려는 '자폐 증세', 책이라면 무조건 거부하는 '학습 거부증' 등이 정신 질환 증세를 나타내는 예라 하겠습니다.

따라서 이 시기에는 책을 통한 언어발달과 엄마 아빠의 사랑과 객관적인 생활 태도를 통한 추상력과 협응력, 그리고 다양성 있는 경험 활동을 통한 관찰력과 논리사고력, 도형과 색종이 등을 통한 만들기와 꾸미기 등을 통한 공간사고력 기르기에 주력해야 합니다. 이 모든 것의 결과는 초등학교 3학년 이후 학습으로 연결되어 나타나게 될 것입니다.

● 만 7세~8세
   (우뇌 기능의 가동률 50%, 좌뇌 기능의 가동률 50%)

참으로 어렵겠지만, 우뇌 기능과 좌뇌 기능을 고르게 50%씩 활용하게 된다면 정말 대단한 일이라 하겠습니다. 이 시기가 되면 이제 좌뇌 기능도 거의 모두가 형성이 됩니다. 따라서 이제까지 주어진 환경 속에서 발달되어 온 우뇌 기능과 좌뇌 기능이 서로 협업을 이루어 그 결과를 나타내게 되는데 앞에서 언급했던 대로 좌·우뇌의 기능이 50%씩 고르게 나타나기보다는 어느 한쪽 뇌의 기능이 우세하게 나타나는 경우가 대부분입니다.

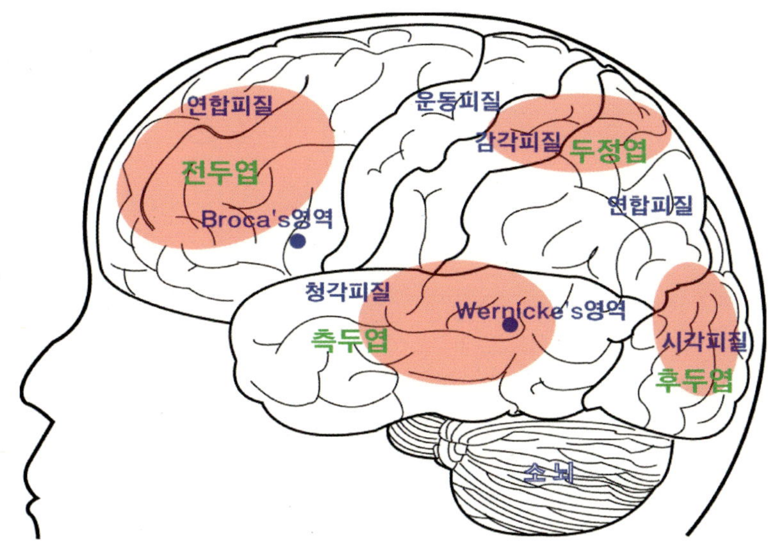

 이 시기가 되면 듣기, 읽기, 말하기, 쓰기 등을 관장하는 언어기능의 측두엽 발달이 완성되는 시기입니다. 두뇌의 기능들은 그 발달되는 시기를 놓치게 되면 이후 일반적인 방법으로는 발달시키기가 매우 어렵습니다. 대부분의 사람은 부족하게 발달된 두뇌 기능을 갖고 평생을 살아가야 합니다. 그런데 사회생활은 물론이고 학습을 하는 데 있어서도 꼭 필요한 것이 언어이기 때문에 그 언어를 담당하는 측두엽의 발달은 아주 중요한 부분입니다. 넓게 잡아 만 5세부터 8세까지의 언어발달 시기를 등한시하거나 놓쳐서는 안 됩니다. 아울러 연령이 높아질수록 종합적인 사고력은 물론이고 종합적인 판단력이 매우 필요하게 되는데 이 부분을 담당하는 두정엽의 공간사고력 부분도 이 시기에 본격적으로 발달하기 때문에 매우 유의해야 합니다.

 두정엽은 머리의 꼭대기 부분으로 인체의 해당 기관에 운동 명령을 내리는 운동중추가 있으며, 시공간 기능, 신체 부위의 위치, 읽기, 계산 등을 주관하는데 특히 수학의 도형, 추리 부분을 담당하기 때문에 이 부위가 잘 발달하게 되면 순간적인 판단 능력과 글의 요점파악도 뛰어나지만 수학과 과학 분야를 좋아하게 됩니다. 그러나 좌측 두정엽이 발달되지 않거나 손상되면 계산 장애, 글을 쓸 수 없는 실서증, 좌우를 구별하지 못하는 '저스틴 증후군'이 나타날 수 있습니다. 따라서 저연령 시기부터 블록, 종이접기, 만들기 등을 통해 이 부위를 발달시키는 것이 매우 중요합니다. 뿐만 아니라 머리의 뒷부분을 차지하고 있는 후두엽의 시각적 기능이 완성되는 단계에 들어가면서 시각을 통해 들어오는 정보의 구분이 뚜렷해지게 됩니다. 하지만, 저연령 시기부터 TV, 게임기, 컴퓨터 등에 노출이 심했던 아이들은 이 시기가 되면 책을 통한 학습을 더욱 멀리하게 되고 화려한 화면에만 치중하는 경향이 나타나고 부모에 대한 반항심과 자기중심적 행동이 드러나기도 합니다. 그렇기 때문에 이 시기 이전 저연령기부터 책을 가까이 하고 화면을 멀리하는 습관을 들여야 합니다.

두뇌 기능의 발달이 거의 완성상태에 들어가는 이 시기의 특징을 살펴보면 다음과 같습니다.

- 좌·우뇌의 기능이 50 대 50으로 발달할 수 있기 때문에 좌뇌 기능과 우뇌 기능 중 어느 한쪽으로 치우치지 않고 좌·우뇌의 모든 기능을 활용할 수 있는 전뇌적인 능력을 가질 수 있습니다.
- 언어뇌의 완성단계에 들어가기 때문에 다양한 학습을 수용할 수 있고 이때부터 영어 등의 외국어를 배워도 저연령 시기부터 영어 학습을 한 아이들보다 잘할 수 있으며, 아주 쉽게 받아들일 수

있게 됩니다.

- 공간사고력 기능의 형성으로 주변 상황 판단이 빠르게 나타나며 과학, 수학 등에 대한 관심이 증폭되고 논리적 사고력이 강하게 나타납니다.

- 자기 스스로 학습을 할 수 있는 자기 주도 학습능력이 나타나게 됩니다.

- 이 시기까지 두뇌발달이 제대로 이뤄지지 않았을 경우 책을 멀리하게 되고 서술형 문제의 이해 부족으로 과학과 수학 특히 도형 부분에 있어 아주 힘들어하게 됩니다. 또한 행동에 있어서 자신감이 부족하게 나타나고 주변 사물에 대해 관심을 두지 않으며, 정리 정돈이 되지 않고 스스로 하려 하지 않는 무력감에 빠져들기도 합니다.

앞에서도 언급했듯이 두뇌의 기능들은 자라면서 형성은 되겠지만, 잘 발달되어 있느냐 그렇지 않느냐가 문제입니다. 이 연령이 지나게 되면 이제까지의 제공되었던 환경과 습관이 성격으로 자리하게 되고 잘 발달되지 않은 두뇌 기능을 그래도 갖고 살아가야 합니다. 그래서 이 시기까지가 두뇌발달에 있어서는 아주 중요한 것입니다.

끊임없는 자극을 통한 두뇌발달

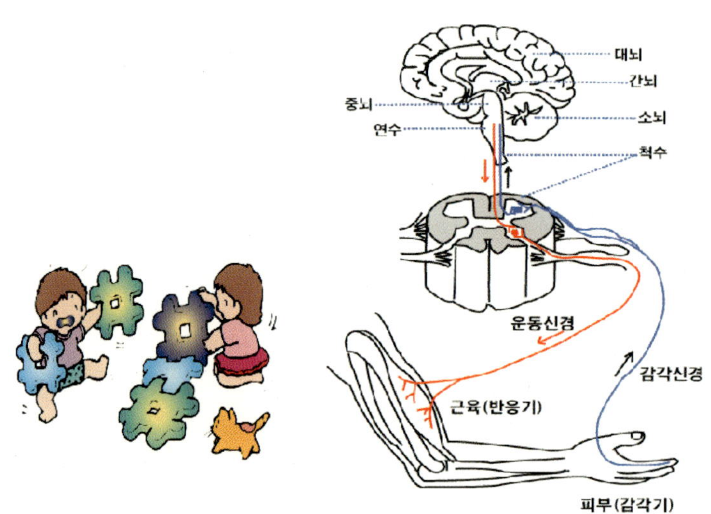

"사람의 두뇌는 끊임없는 자극을 통해 발달"

아기를 키웠던 엄마들은 갓 태어난 아기의 손에 엄마의 손가락을
쥐게 하고 살며시 빼려 하면 아기가 잡아당기는 것을 많이 경험했을
것입니다. 아기 눈가에 바람을 불어 주면 찡그리거나 눈을 감게 되고
큰소리나 화난 소리를 들려주면 울거나 움츠러들게 되는데 이러한
모든 현상이 자극에 대한 반응입니다. 사람의 두뇌는 이미 엄마 배

속의 태아 시기부터 형성된 뇌신경 세포로 자극을 효과적으로 수용
할 수 있는 준비가 되어 있고 또 받아들이기 때문에 어떤 자극을 주
느냐에 따라 두뇌발달의 방향이 달라집니다. 사람의 두뇌는 끊임없는
외부 자극을 통해 발달하는 것은 맞지만, 자극을 통한 발달 자체에
목적을 두는 것이 아니라 어떤 자극을 어떻게 주어 바르게 두뇌가 발
달하도록 하는가가 더 중요한 것입니다.

● 외부 환경을 통한 자극

사람은 태어난 이후 십수 년에 걸쳐 두뇌의 발달을 이루어 나가게
됩니다. 특히 중요한 시기는 만 3세에서 8세 사이입니다. 이때 발달된
두뇌에 의해 그 사람의 성격으로 자리 잡고 행동과 습성이 결정되는
것입니다. 이후 20세가 넘어가면서 발달되고 튼튼하게 자리 잡았던
뇌세포들이 점차 소멸의 길에 들어서게 되는데 이때에도 두뇌에 다
양한 자극을 끊임없이 제공한다면 우리의 두뇌 세포는 활발하게 움
직이며 소멸의 속도를 늦추게 될 것입니다.

자극이란 우리 신체의 오감에 작용하여 두뇌와 감정, 그리고 행동
에 변화를 일으키게 하는 환경적 변화를 말합니다. 그 주어진 변화에
대해 우리 두뇌 혹은 몸에 나타나는 변화를 반응이라고 합니다. 하지
만, 자극에도 여러 가지가 있습니다. 쉽게 말해서 아이에게 주변 환경
에 의해 자극을 주어도 반응을 전혀 일으키지 않는 경우가 있고, 반
대로 두뇌와 신체에 이르기까지 아주 흥분시킬 수 있는 자극이 있습
니다. 이처럼 우리의 두뇌나 신체에 변화를 줄 수 있는 특정한 자극
을 '적합자극'이라고 합니다.

외부 환경으로부터 오는 자극은 '자극→감각기관→감각신경→중추신경→운동신경→반응기관→반응'의 경로를 거치게 되는데 이때 가장 큰 역할을 하는 것이 바로 우리 두뇌의 뉴런입니다. 앞의 그림에 나타나듯이 감각기관을 통해 정해진 자극은 우리의 신경을 거쳐 척수와 뇌 줄기를 통해 감성을 주관하는 간뇌 쪽으로 올라온 후 대뇌피질의 필요 부위로 전달된 후 그곳에서 어떻게 할 것인지에 대한 판단을 하고 다시 역으로 내려와 운동신경을 통해 행동으로 옮기게 되는 것입니다.

저연령 시기부터 학습지 등의 단순학습과 컴퓨터 등의 화면을 통한 학습을 적용시키는 것은 두뇌에 자극을 주지 못합니다. 손과 몸을 활용하며 무엇인가 만들기를 한다거나 그림을 그린다거나 혹은 운동을 한다거나 하는 등의 움직임을 통한 경험 학습이 뇌에 자극을 주게 되는 것이며, 실수와 실패, 그리고 끝까지 완수했을 때의 성취감 등의 체험을 통해 뇌가 발달하며 그러한 경험이 두뇌 형성에 직접적인 영향을 끼치게 되는 것입니다.

● 오감을 통한 자극

우리의 두뇌는 시각, 청각, 촉각, 후각, 미각 등의 오감을 통해 끊임없는 자극을 받게 됩니다. 학습을 위하든 운동을 위하든 모든 것의 가장 기본이 바로 이 오감의 발달입니다. 어려서부터 이 오감이 잘 발달한 아이들은 학년이 올라가면서 매우 야무진 아이로 나타나게 됩니다. 그러나 이 오감을 통한 자극은 주변 환경에서 무엇인가 새로운 것일 때 반응을 하게 되지 늘 있어 왔던 것에는 결코 자극을 받기나 반응을 하지 않습니다. 또한 우리의 두뇌는 주변 환경을 통해 들어오는 자극을 반응하는 부위가 모두 다르기 때문에 어떤 반응이 어떤 두뇌의 부위에 자극을 주는지 알기 위해서는 두뇌의 부위에 대해 알고 있어야 합니다.

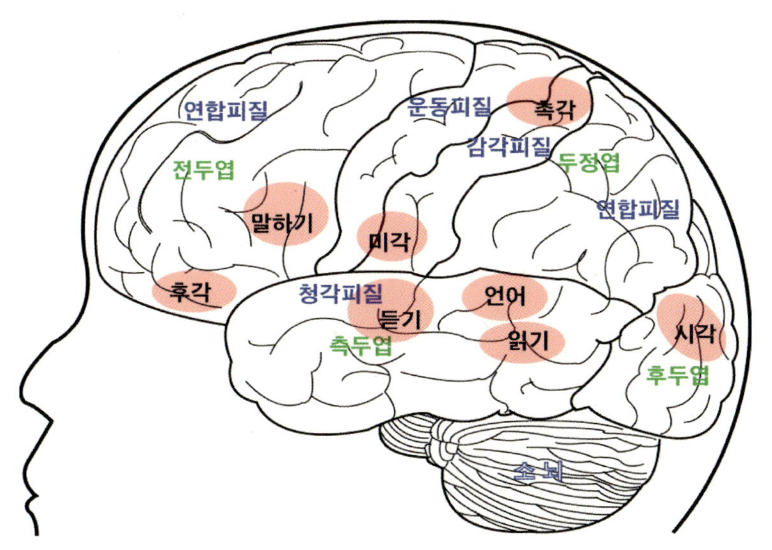

1. 시각을 통한 자극

사람은 시각을 통한 정보 습득이 약 85%에 이를 정도로 시각을 통한 자극이 많습니다. 따라서 시각을 통한 정보 입력이 많은 만큼 시각적 환경에 매우 주의를 기울여야 합니다. 저연령 시기부터 무분별한 영상의 노출은 정보의 입력보다는 시각적 기능의 제한을 가져올 수 있기 때문입니다.

　다음 그림에서 보듯이 시각을 통해 얻은 정보는 언어나 행동 등으로 반응이 이루어져야 하는데 가만히 앉아 화면만 응시하거나 손가락만 사용하여 화면만 넘기는 스마트폰 등을 통해서는 정보를 얻어들이는 행위가 아니라 두뇌 기능의 발달 저하를 가져오게 되며 그 영향이 사고와 언어, 그리고 행동에 이르기까지 치명적인 결과를 가져올 수 있습니다.

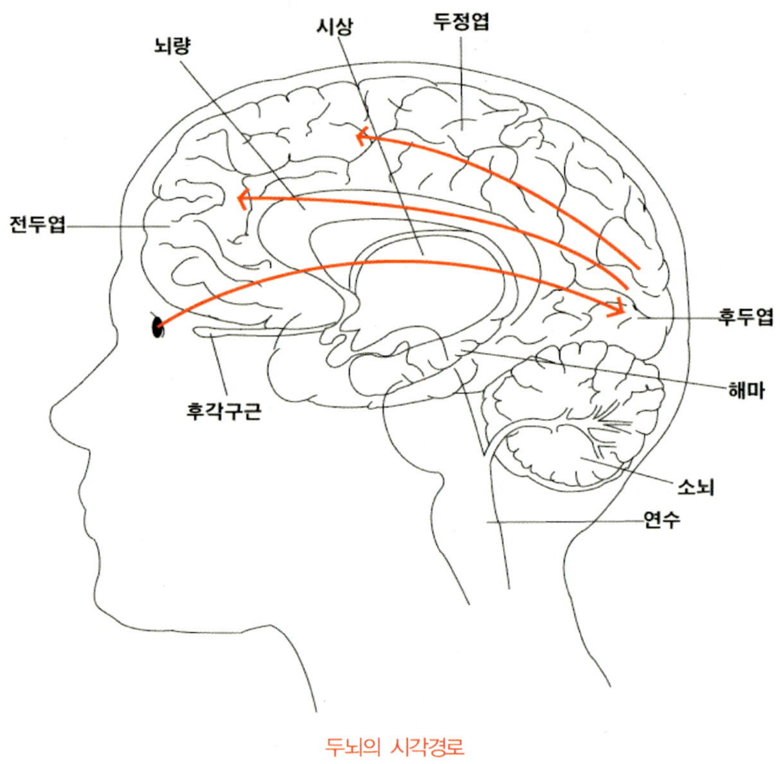

두뇌의 시각경로
(정보입력 → 언어나 행동으로 반응해야 한다)

우리의 두뇌 중 시각을 담당하는 후두엽이 모든 두뇌 부위 중 가장 늦은 만 8세 정도에 발달을 마치게 됩니다. 사람은 태어나서부터 가장 본능적인 호흡, 온도조절, 식욕, 영양흡수 등을 담당하는 뇌 줄기가 강하게 발달하고 그 이후 소뇌 부위와 전두엽 부위로 발달이 옮겨가게 되면서 뇌 기능 형성의 발달이 이루어지게 됩니다. 그러나 대부분의 사람들은 아기 때부터 TV 등의 영상매체 앞에 두는 것을 전혀 개의치 않는데 그러한 행동이 아이의 두뇌발달을 저해시키는 가장 큰 요인 중의 하나입니다.

아기가 태어난 이후 시선을 맞추기 시작하면서 가장 많이 대하게 되는 것이 TV입니다. 이 시기에 TV 등 영상매체에 많이 노출된 아이의 머리는 기계음에만 익숙해져 엄마의 목소리에 반응을 하지 않게 됩니다. 로렌츠의 인상법칙(각인)에 의하면 모든 동물은 태어난 직후에 보고 들은 경험과 학습이 성장한 후 행동의 기초가 되고, 이 모든 것이 일단 각인이 되면 두뇌에 깊이 새겨져 일정한 시간이 지나게 되면 다시 교정하기가 매우 어렵다는 것입니다.

또한 단순 시각의 발달은 언어장애의 큰 원인이 됩니다. 아이의 두뇌가 영상매체 등에 의한 기계음에 적응되면 사람의 육성에는 반응하지 않는 두뇌가 되어 버리고, 이것은 심각한 언어장애 또는 자폐증세 원인 중의 하나가 됩니다. 그리고 아이에게 너무 일찍부터 시각을 통해 TV 등의 강한 빛의 자극을 주므로 해서 뇌 속에 자리하고 있는 뇌신경의 기본적인 회로가 이상을 일으키게 되며 한 걸음 더 나아가 뇌세포가 뻗어 가는 과정에 있는 아이들의 뇌세포를 파괴시키는 것과 같은 손상을 줍니다. 아울러 영상매체에 각인된 아이들은 무력감을 갖게 하고 행동을 굼뜨게 만듭니다. 즉, 스스로 행하고자 하는 의욕이 생기지 않게 된다는 것입니다.

따라서 우리의 두뇌발달은 시각적인 것을 통해 가장 많은 발달을 가져오지만, 저연령 시기에는 아무 대화도 없이 아이 혼자 영상 매체를 대하는 일은 없어야 하며 반드시 부모가 함께 영상 매체를 보면서 이야기를 계속 주고받아야 합니다. 즉, 시각을 통해 들어온 영상이 정보가 되어 두뇌의 각 부위로 전개될 수 있도록 해야 하는 것입니다.

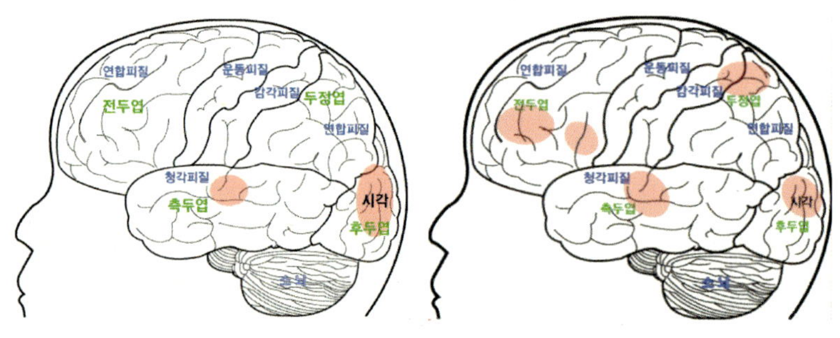

가만히 앉아 TV시청을 하는 경우

시각을 담당하는 후두엽부위와 소리를 듣는 청각부분의 뇌세포만 움직이고 있다.

대화를 하며 TV시청을 하는 경우

시각을 담당하는 후두엽부위는 물론이고 사고하는 전두엽과 언어를 담당하는 측두엽, 그리고 종합적 사고력을 담당하는 두정엽까지 움직이고 있다.

그뿐만 아니라, 오고 가는 주변 환경에서 보이는 모든 것도 우리의 시각을 통해 정보로 만들 수 있습니다. 물론 이때에도 아무 생각 없이 그냥 지나치면서 보게 되는 것은 잔상 정도로만 남았다가 사라지게 되지만, 누군가와 주변 환경에서 보이는 것들, 즉 사물, 동물, 식물의 구조형태, 색감 등의 이야기를 나누게 된다면 그것은 훌륭한 정보

로 자리하게 된다는 것입니다. 그래서 집에서 아이를 키우고 있는 부
모라면 아침에 아이가 유치원에 등원할 때 바삐 차량에 태워 보내는
것보다는 조금 시간이 걸리더라도 아이와 함께 유치원까지 걸어가면
서, 주변의 상황이나 엄마의 어렸을 적 이야기를 주고받게 된다면 시
각적인 부분뿐만이 아니라 상상력과 함께 언어사고력도 잘 발달하게
될 것입니다.

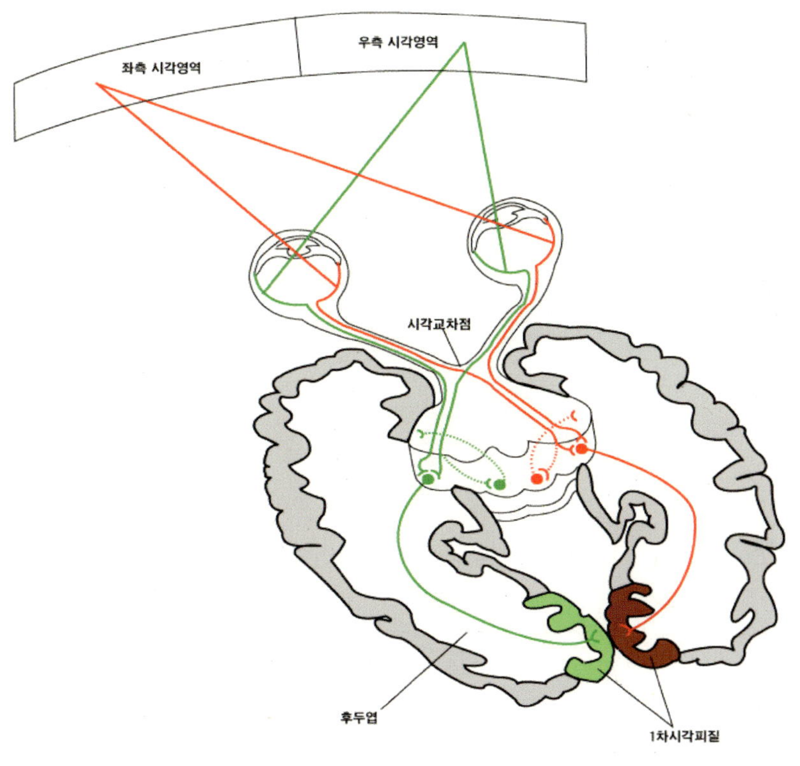

시각정보의 경로

시각적인 발달은 정말 중요합니다. 비슷한 것, 여러 가지가 섞여 있는 속에서 내가 원하는 것을 한눈에 보고 찾아내는 일, 많은 사람들 속에서 내가 아는 사람을 순간적으로 찾아내는 일, 한 번 본 사람이나 왔던 길을 기억해 내는 일 등은 시각의 발달이 얼마나 중요한 것인가를 알게 합니다. 우리가 시각을 보는 것은 빛을 통해 각막→수정체→유리체→망막(시세포)→시신경에 이르게 되며 이후 본 영상이 대뇌의 시각중추로 보내지고 다시 대뇌의 각 영역에서 본 것을 파악한 후 판단하여 언어로 나타내든지 행동으로 반응을 나타내게 되는 것입니다. 따라서 좌·우뇌의 기능들이 얼마나 협업을 잘 이루어 내느냐에 따라 시각을 통해 들어온 정보를 빠르고 정확하게 받아들이고 분류하여 활용할 수 있게 되는 것입니다.

2. 청각을 통한 자극

사람이 정보를 획득하는 데 있어서 청각을 통해 얻는 양도 만만치 않습니다. 그러나 더욱 중요한 것은 정보를 얻기보다 청각을 통해 다양한 자극을 주어 두뇌발달을 이루는 데 있습니다. 하지만, 우리의 환경은 자라나는 아이들의 두뇌발달을 왕성하게 하는 자극보다 저해시키는 자극적 요인들이 훨씬 더 많아지고 있는 것이 문제입니다. 앞에서도 언급했지만, TV 등의 영상매체는 시각적 발달의 저해 요인도 되지만, 청각에 있어서도 큰 문제를 야기하고 있기 때문입니다.

TV, 컴퓨터, 게임기 등의 영상매체에 많이 노출된 아이들은 시각, 논리, 계산 등을 담당하는 좌측 피질이 화려한 화면 이동의 주먹에 휘둘려 산만한 상태가 됩니다. 반면 색 신호를 수용하는 우측 피질은 정보 억지력을 상실하고 좌·우뇌 간의 협업이 감소하여 뇌 구조가 파괴에 가까운 상태가 되기도 합니다. 더욱 안타까운 사실은 이처럼 영상 매체에 많이 노출된 아이는 두뇌의 회로를 엉망으로 만들 뿐만 아니라, 가장 중요한 말을 이해하고 생각한 것을 말로 표현하게 하는 언어를 담당하는 기능(1차 청각영역, 베르니케 영역, 브로카 영역 등)의 두뇌 회로의 구성을 방해하며 논리적으로 생각하는 사고력을 상실시키기도 합니다. 따라서 저연령 시기부터의 청각을 통한 두뇌발달은 인공적인 것을 멀리하고 실제적인 육성을 통한 자극을 주는 것이 가장 기본입니다.

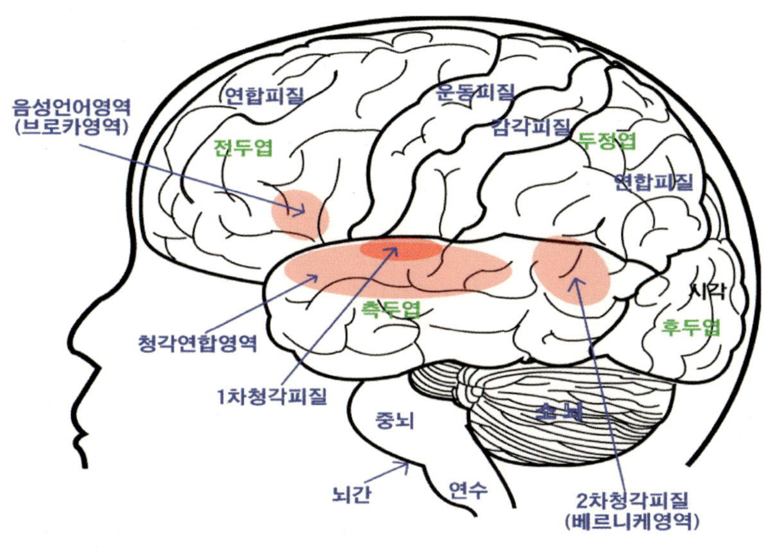

두뇌의 청각영역

아기가 옹알이를 할 때부터 엄마가 응대해 주며 목소리를 들려주는 것이 매우 중요합니다. 이후 아이가 인지하기 시작하게 되면 글자부터 가르칠 것이 아니라 듣는 것, 말하는 것부터 가르쳐야 합니다. 청각정보는 약 2만 5천 개의 신경 섬유로 이루어진 청각 신경을 통해 뇌간으로 들어갑니다. 뇌간에서는 소리가 톤(Tone)에 따라 분류되고 음색 또는 소리의 성질에 따라 분류됩니다. 또 뇌간에서 소리는 비록 의미가 없을지라도 각 개인의 모국어를 구성하는 언어의 단위인 음소(Phoneme)로 인식함으로써 말을 이해하는 과정이 시작됩니다. 연수로 보내진 청각정보를 공간적 특성에 따라 분류, 소리의 공간적 위치를 알아내게 되고 중뇌에서는 귀, 눈, 피부에서 오는 자극을 통합하는 데 중요한 역할을 하며 이곳에서의 청각 신경 자극은 상부의 시상으로, 거기서 다시 일차 청각피질, 이차 청각피질로 전달되며 여기에서 다시 청각과 기억, 다른 감각, 의식을 통합하는 데 필요한 대뇌 영역으로 가게 되는 것입니다.

엄마나 아빠가 책을 읽어 주어 듣게 하는 것은 자라면서 상대의 이야기를 경청하며 내용을 파악하고 대응할 수 있는 능력을 키워 주는 것뿐만 아니라 침착성과 끈기력, 그리고 집중력도 길러지게 됩니다. 또한 글을 모르는 시기부터 그림을 보고 누군가에게 이야기를 하도록 하는 것은 장차 소리 내어 읽는 것의 기초가 되기 때문이기도 하지만, 작은 것부터 말로 표현하기 시작하도록 하면 매사에 자신감은 물론이고 성취욕구가 강하게 자리하게 됩니다.

많이 들으면 말하게 되고, 말을 하기 시작하면 읽게 되고, 읽게 되면 곧 쓰게 되는 것입니다. 따라서 성급한 마음에 반대적으로 쓰는 것부터 가르치는 우를 범해서는 안 되겠습니다. 영어에서 듣는 것을 나타내는 Hearing과 Listening의 두 단어가 있습니다. 이 두 단어의 차이는 무엇입니까? Hearing은 단순히 모든 것을 듣는 것을 의미하며, Listening은 듣고 이해하려는 것을 의미합니다. 따라서 우리는 두 귀와 몸을 사용하여 듣고 이해하려는 습관을 들여야 하는데 그러기 위해서는 먼저 많이 듣는 것이 필요한 것입니다. 언어, 의사소통 기술들, 주의 집중, 자기 조절, 읽기, 쓰기, 말하기, 노래 부르기, 동작 표현과 같은 것들은 모두가 Listening의 정도에 달려 있습니다. 다른 사람과 차이가 나는 것도 바로 이 Listening의 수준이 다르기 때문에 차이가 나는 것입니다.

우리의 두뇌는 보고 들은 것을 이야기하고 표현하는 뇌의 부위(브로카 영역: 이야기 하거나 글을 쓰는 행위를 지배하는 부위)와 이해하는 부위(베르니케 영역: 이야기 중의 언어나 기록된 글을 이해하는 부위)가 서로 다릅니다. 따라서 글자를 알게 되면서부터 가장 중요한 것은 소리 내어 책을 읽는 것입니다. 눈으로만 책을 읽게 되면 이해하기도 어렵고 기억하기도 어려우면서 두뇌에 자극이 되지 않습니다. 그러나 소리 내어 읽는다면 내 목소리가 두뇌의 청각중추를 통해 브로카 영역과 베르니케 영역으로 전달되고 다시 읽은 내용들이 전두엽 부분으로 확산되어 이해하게 됩니다.

물론 처음에는 소리 내어 읽은 내용을 이해하기가 어렵지만, 꾸준한 훈련을 통해 자극을 받게 되면 우리의 두뇌는 이해력은 물론이고 기억력도 향상되며 장차 발표력에도 큰 자신감을 갖게 됩니다.

3. 미각을 통한 자극

　사람에게 있어서 음식물을 섭취하는 것은 매우 중요합니다. 그것은 곧바로 생명과 연관되어 있고 우리의 생각과 몸을 움직이는 두뇌는 매일같이 많은 영양소를 필요로 하기 때문입니다. 음식물을 섭취할 때 눈으로 보고 냄새를 맡고 맛을 음미하며 씹는 행위는 두뇌 자극에 있어서 아주 중요한 행위 중의 하나이다.

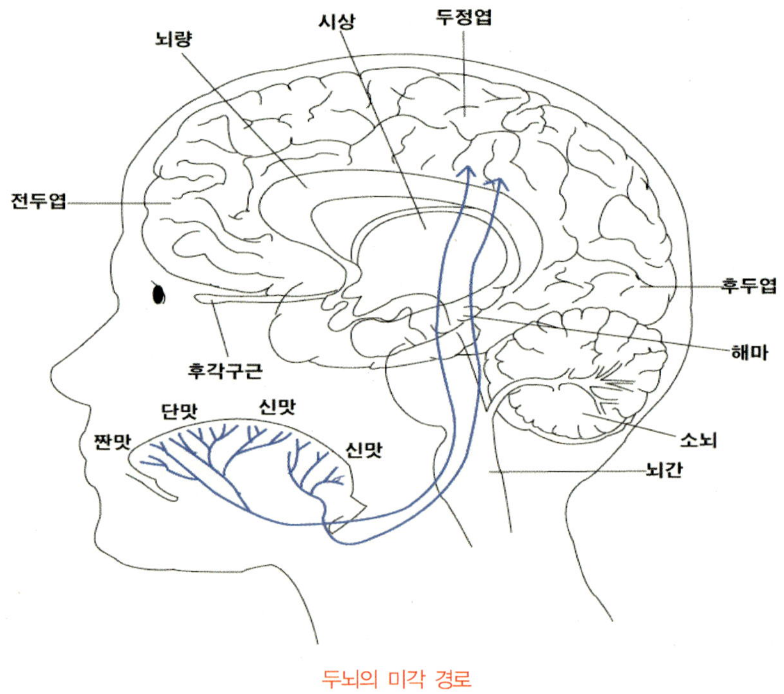

두뇌의 미각 경로

음식을 마주 하고 앉으면 우선 우리의 시각을 통해 음식을 살피고 후각을 통해 냄새를 맡으며 맛을 상상하게 됩니다. 그리고 그 음식의 색과 모양을 보고 맛이 있을 것인지 없을 것인지, 또는 딱딱한 것인지 부드러운 것인지, 달콤한 것인지 쌉쌀한 것인지 등의 어떤 맛이 있을 것인가를 예측을 하고 먹게 되면서 미각뿐만 아니라 두뇌의 여러 부위를 자극하게 됩니다.

음식의 색, 맛을 살피고 그것을 먹으므로 해서 나에게 어떤 영양이 공급될 것이라는 생각을 하고 음식을 선택하여 입에 넣고 맛을 음미하며 씹는 행위까지는 모두 대뇌의 역할입니다. 그러나 일단 음식이 우리의 입을 통해 식도로 넘어가는 순간부터는 대뇌의 역할 범주에서 벗어나고 음식물을 소화시키고 영양분을 흡수하는 등의 역할 지시는 뇌간을 통해 이루어지게 됩니다. 따라서 미각의 자극을 통한 두뇌발달이라는 것은 바로 대뇌의 발달을 의미합니다.

두뇌발달에 있어서 가볍게 생각하는 부분이 바로 이 미각부분입니다. 우리의 두뇌 세포와 가장 많이 연결되어 있는 신체 부위가 손과 혀입니다. 아기 때는 다른 감각보다 식욕본능과 연결되어 있는 미각이 먼저 발달하므로 보는 대로 입안에 넣는 경우가 많습니다. 그러나 성장하면서 식욕 본능이 억제되고 학업 등의 여러 가지 스트레스에 시달리면서 스트레스를 해소하고 억압된 식욕 본능을 만족시키기 위해 지나치게 먹게 되어 비만까지 초래하는 경우가 종종 있기도 합니다. 비만을 예방하기 위해서는 먹지 못하게 할 것이 아니라 미각을 통한 근본적인 식욕 본능을 가능한 충족시켜 주어야 합니다.

우리는 늘 바쁜 생활을 하고 있습니다. 아이들도 학교와 학원 등의 시간에 쫓겨 습관적으로 빨리 먹습니다. 그러다 보니 식사 시 오랫동안 씹는 음식을 기피하게 되고 몇 번만 씹어도 삼킬 수 있는 부드러운 음식을 선호하게 됩니다. 이로 인한 결과는 턱관절과 치아의 무용지물을 가져와 여러 부작용을 일으키게 할 뿐만 아니라 두뇌의 자극에도 효과를 주지 못합니다. 오랫동안 씹는 것은 두뇌의 자극에도 매우 좋습니다. 따라서 맛을 통한 식욕 본능을 만족시켜 주는 충실한 식사 훈련을 어려서부터 해야 합니다. 온 가족이 함께 앉아 대화를 동반한 충실한 식사는 미각, 후각과 시각은 물론 청각 자극과 정서적 안정까지 동시에 가져올 수 있습니다. 게다가 나이가 들어감에 따라 맛을 느끼는 뇌세포의 숫자가 다른 감각세포보다 더 빨리, 더 많이 줄어들기 때문에 미각 능력을 유지하기 위해 끊임없이 자극을 주는 노력이 평생 필요한 것입니다.

그렇게 하기 위해 아이들과 식사를 하면서 이 음식은 어떤 맛이 나는지 대화를 주고받는 것이 매우 중요합니다. 과일 주스 등도 몇 가지를 섞어 어떤 과일들이 들어갔을까를 이야기하면 아이가 맛을 음미하게 되고 생각을 하게 됨으로써 대뇌의 끊임없는 자극이 되기 때문에 바로 두뇌발달에 커다란 효과를 가져오는 것입니다. 이와 같이 어려서부터 미각이나 촉각을 통한 발달을 중시한다면 두뇌의 감각중추가 잘 발달하여 자라면서 감성이 풍부하고 정서적으로 안정된 아이로 성장하게 될 것입니다.

앞에서도 잠깐 언급했지만, 두뇌발달의 가장 큰 목적은 바로 대뇌피질의 발달입니다. 음식을 눈앞에 두고 섭취하기 전까지가 매우 중요한 것은 그때까지 자극을 받는 영역이 바로 대뇌이기 때문이다. 일단 음식물을 섭취하고 나면 앞에서도 언급되었듯이 대뇌의 영역을 벗어나 뇌간에서 본능적인 분해와 영양 섭취로 들어가기 때문입니다.

따라서 두뇌발달을 위해서는 섭취하기 전 음식을 보고 냄새를 맡으며 대화 속에서 맛에 대한 이야기를 나누며 음식을 선택하여 씹으며 맛을 음미하는 것까지가 두뇌발달에 있어서는 매우 중요한 자극적 행위라는 것을 잊지 말아야 합니다.

4. 후각을 통한 자극

두뇌의 구조를 살펴보면 냄새를 분별하는 후각구근이 우리 두뇌의 최전방에 배치되어 있음을 알 수 있습니다. 그렇기 때문에 사람은 어느 곳에서라도 냄새를 가장 먼저 분별할 수 있는 것입니다. 앞에서도 언급되었듯이 후각은 미각과 함께 정서적·감성적 두뇌발달에 큰 영향을 끼치고 있습니다. 따라서 미각과 함께 후각이 발달하지 못한 사람은 매우 신경질적인 행태를 보이는 경향이 많으며 섬세하지 못한 부분도 보이고 있습니다.

우리 주변에서는 후각의 발달을 가져올 수 있는 환경적 자극 요소가 매우 많습니다. 꼭 음식물뿐만 아니라, 각기 다른 꽃의 향기라든가 주변에서 풍기는 악취 등의 냄새를 길을 다니면서도 즉각적으로 구분할 수 있는 훈련을 할 수 있습니다. 또한 눈을 감고 냄새를 맡으며 냄새를 풍기는 개체를 상상하는 것은 두뇌발달을 위한 더할 나위 없이 좋은 자극 방법입니다.

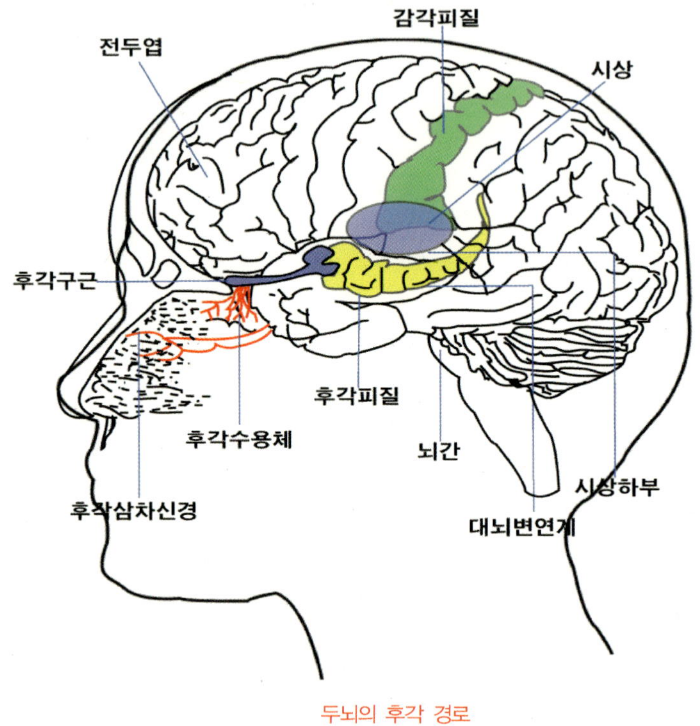

두뇌의 후각 경로

　위 그림에서도 보듯이 후각을 통해 두뇌에 미치는 영향은 매우 광범위합니다. 후각 통로를 통해 맡은 냄새는 대뇌변연계와 시상, 그리고 전두엽과 두정엽 부위에까지 영향을 미치게 됩니다. 단순히 어떤 냄새인가를 구별하는 것만이 아니라 살아가면서 평생 필요한 다양한 판단력과 상상력, 그리고 감성과 정서발달에 매우 큰 영향을 미치기 때문에 어린 시기부터 후각의 발달을 중시해야 합니다.

5. 촉각을 통한 자극

피부를 통한 촉각의 발달은 우리의 두뇌발달에 매우 중요한 역할을 합니다. 앞에서도 언급되었듯이 미각과 더불어 감성 발달에 중요한 역할을 하게 됩니다. 피부는 흔히 표면에 있는 뇌라고도 불립니다. 가벼운 공기의 흐름에도 쉽게 반응하는 피부는 혈액순환 작용이 풍부해서 감정에 따라 금방 상기되기도 하고, 창백해지기도 하며, 온도도 쉽게 변하는 등 감정의 얼굴이라고 할 수 있는 것입니다.

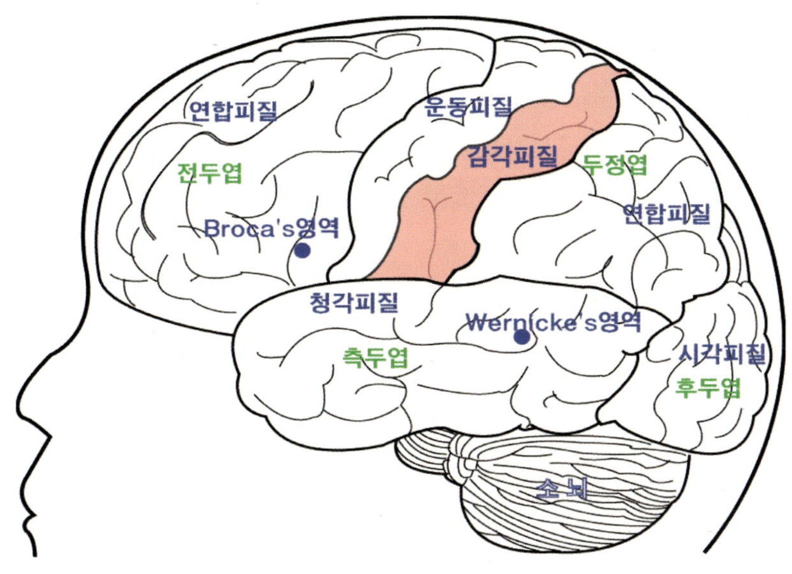

사람의 두뇌에는 감각피질 영역이 머리 한가운데 넓게 자리하고 있습니다. 사람은 사랑이 없고 메마르고 서먹서먹한 관계에서 피부는 차갑고 거칠면서 긴장되어 굳어 있으나, 사랑이 충만하면 따뜻하고

매끄러우며 근육이 이완되어 있어 감촉도 부드럽습니다. 즉, 미워하거나 싫은 사람과 살을 맞대면 차갑게 느껴져 거부반응이 오지만 내가 사랑하는 사람과 살을 맞댈 때에는 한없이 부드러움을 느낀다는 것입니다. 예상치 않았을 때 모르는 사람이 나와 피부적 접촉이 있으면 깜짝 놀라는 이유가 바로 거기에 있습니다. 뿐만 아니라 정신적 스트레스가 심할 때는 멜라닌 호르몬이 많이 분비되어 피부가 검어지고 거칠어지며 반점이 생기기도 하고, 피부병이 쉽게 악화되기도 합니다.

이처럼 뇌와 피부는 중요하고도 예민한 관계라서 피부 감각을 발달시키는 것이 뇌 발달에 있어서 매우 중요하다는 것입니다. 특히 나이가 들면 뇌세포가 소멸되고 노쇠해지는 것과 마찬가지로 피부에서 촉각을 감지하는 수용체도 점차 둔해지고 적어지게 됩니다. 이러한 피부 감각 수용체를 건강하게 잘 유지하는 것은 뇌에 신선한 자극을 주어 건강을 유지하는 데는 물론 정서적 안정에도 도움이 됩니다.

촉각의 발달을 위해서는 아기 때부터 많은 주의를 기울여야 합니다. 아기가 아직 누군가를 구별하지 못하는 시기부터 눈가에 입으로 바람을 살짝 불어 보면 아기는 눈가를 찡그리며 반응할 것입니다. 피부를 엄마의 손가락으로 살짝 건드려 보기도 하고 아기의 몸을 마사지하듯 부드럽게 어루만지며 목욕을 시키는 등의 모든 행위는 피부를 통한 감성발달과 지각발달에 매우 유용한 방법입니다. 점차 자라면서 눈을 감고 순전히 감촉으로만 무엇인지 알아맞히도록 하는 것도 촉각발달은 물론 감성발달에도 아주 좋습니다. 손을 잡아 보면서 상대방의 감정 상태를 추정해 보는 훈련은 피부 감각 수용체의 발달은 물론 우뇌 발달에도 도움을 줍니다. 피부 접촉을 통한 여러 가지

훈련은 우리의 두뇌발달은 물론 정서적 안정도 얻을 수 있는 일거양
득의 효과가 있다는 것을 기억해야 합니다.

고른 두뇌의 발달과 형성

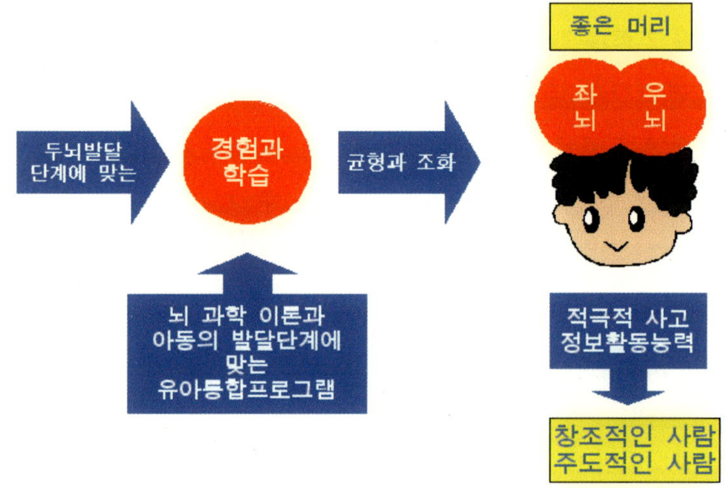

"단순학습보다 균형 잡힌 두뇌발달이 중요"

　대부분의 학부모들은 아기가 태어나는 순간부터 비교 우위를 생각하게 됩니다. 공부가 되었든 놀이가 되었든 무엇이나 다른 아이에 비해 앞서 가기를 원해 가능하면 빠른 시기에 학습을 제공하기 시작합니다. 그러나 이 시기에 있어서 부모들이 반드시 생각해야 할 부분이 있습니다. 가정에서 부모들이 제공하는 대부분의 학습은 한글, 수와 같은 단순학습이라는 것입니다. 우리가 말하는 '경험과 학습'이라는 것은 단순학습을 벗어난 놀이와 체험을 통한 학습을 말합니다. 단순학습은 두뇌발달 형성에 결코 도움이 되지 않습니다. 단순학습을 통한 선행학습이 중요한 것이 아니라 제 연령에 균형 잡힌 두뇌발달을 이루도록 하는 것이 무엇보다 중요한 것입니다.

● 다양한 경험과 학습 제공

저연령 시기의 아동들에게는 부모가 단순학습에 치중하기보다는 다양한 경험과 학습 제공이 매우 중요합니다. 사실 현시점에 와서 가장 문제시되고 있는 부분이 초등학교부터 나타나고 있는 아동들의 문제 행동들입니다. 대부분의 학부모들은 왜 그러한 일들이 나타나게 되었는지 근원을 캐기보다는 당장의 주변 환경(학교, 친구 등) 때문에 내 아이가 그러한 현상을 보이게 되었다고 생각합니다. 그러나 초등학교부터 나타나는 학교 폭력 등의 양상을 겪게 되면서 많은 교육학자들이 저연령 시기부터의 가정교육에 문제점이 있음을 제기하고 있습니다.

만 2세부터 영어 단어를 암기하고 있는 현실이 우리의 가정교육입니다. 다른 아이보다 조금이라도 앞서 가기 위해 아이의 발달상황이나 정서적 여건은 고려하지 않고 거의 무조건적으로 선행학습을 적용시키는 부모들을 볼 때, 자라면서 이상 행동을 나타내는 것은 전혀 무리가 아니라는 것이 전문가들의 주장입니다. 가뜩이나 핵가족화된 사회에서 친구와의 관계를 통해 배려와 질서, 규칙을 배우는 것이 아

니라 바깥과는 담을 쌓다시피 한 채 엄마와 단둘이서만 단순학습에
만 치우치며 암기식의 교육을 일삼는 아동은 절대로 고른 두뇌의 형
성이 되지 않는 것은 물론이고 발달 자체도 제대로 이루어지지 않는
다는 것입니다. 앞에서도 이미 언급했지만, 저연령의 아동들은 학습
을 할 수 있는 왼쪽 뇌의 기능이 제대로 형성되어 있지 않기 때문에
학습에 대한 호기심을 갖고 있다 할지라도 그것은 단순 호기심이지
학습을 소화해 낼 수 있는 뇌 기능은 절대적으로 부족한 상태이기 때
문에 금방 싫증을 내게 됩니다. 하지만, 그때는 벌써 부모에 의해 학습
시간이 정해져 있고 양이 늘어난 상태이며 습관적으로 하게 되는데 만
3세 이전이라면 이 모든 것이 거의 스트레스로 남게 됩니다. 더군다나
아이들은 스트레스라는 사실조차도 모르고 그러다 보니 스트레스를
풀 수 있는 방법도 모르기 때문에 그대로 쌓아 가게 되는 것입니다.

　우리가 모두 알고 있듯이 유치원 교육은 놀이교육이라 합니다. 그
것은 이 시기 아동들의 두뇌도 학습을 할 수 있는 뇌 기능이 제대로
발달하고 있지 않기 때문이기도 하지만, 놀이와 관계를 통한 학습도
교과서나 책을 통한 학문 못지않게 배울 것이 많기 때문이며 이 시기
의 아동들에게는 놀이를 통한 경험 교육이 훨씬 더 습득이 빠르기 때
문입니다. 실제로 이 시기에 기본생활습관을 제대로 형성시켜 인성교
육의 기본 토대를 완성시킨다면 학년이 올라가면서 행동도 바르게
하겠지만, 교과를 통한 학습도 훨씬 더 잘할 수 있습니다. 그런데 반
대로 이 시기에 영어 단어나 외우게 하고, 학습지에 매달려 선행학습
에만 치중하게 된다면 자라면서 학습에 의한 심각한 마음의 폐쇄성
을 가져오는 것은 물론이고 폭력적인 반항장애와 학습장애를 일으키
게 될 확률이 매우 높다는 것입니다.

현재 초등학교 저학년에서 반항장애를 보이는 아이들이 한 학급의 약 1/3이라고 합니다. 이 아이들은 부모, 교사 등 어른의 권위에 순종치 않는 것은 물론이고 어른들 자체를 무서워하지 않습니다. 아울러 부모가 되었든, 교사가 되었든 꾸지람 듣는 것을 참지 못하고 싫은 소리를 들으면 대들기가 일쑤입니다. 이 반항장애는 빠르면 만 3세부터 초등학교 시기에 나타나게 되는데 문제 행동을 자주 보이고 추후에는 사회성 장애와 학습장애로 나타나기도 합니다. 결국 이러한 아이로 키우지 않기 위해서는 부모의 욕심을 버려야 합니다. 부모의 틀에 아이를 가둔 채 일률적으로 지도한다는 것은 아이의 발달 자체를 외면하게 되는 것입니다.

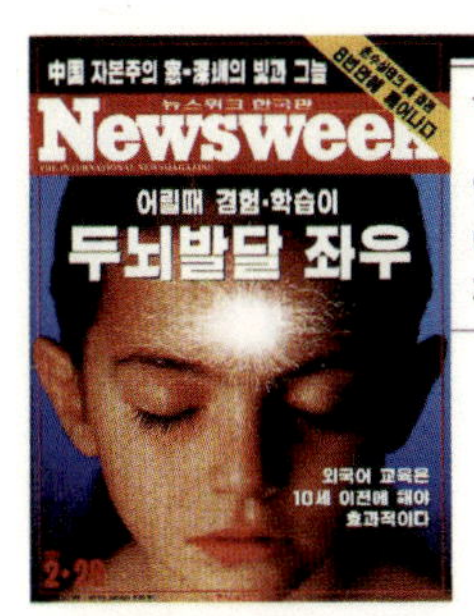

　따라서 저연령의 아동들일수록 선행학습을 목표로 한 단순 암기식의 교육을 멀리하고 손과 몸을 많이 움직일 수 있는 다양한 경험적 학습과 또래와의 관계를 통한 학습이 매우 중요하다는 것을 인식하고 이러한 환경을 제공해 주도록 해야 합니다. 건물을 세울 때 땅을 파고 기초를 다지는 데 외형적 멋을 고려하지 않고 오직 튼튼한 것에 목적을 두는 것과 마찬가지로 경험을 통해 놀이교육, 관계성 등이 당장에는 학습만을 일삼은 다른 아이들보다 부족하게 보일지는 모르지만 장래에는 훨씬 더 고른 두뇌발달로 나타나게 되며 학습에 있어서도 학년이 올라갈수록 잘하는 것은 물론이고 뚜렷하게 자기 주도적 학습으로 나타나게 될 것입니다.

● 배운 것은 행동으로 나타나도록

　흔한 말로 선진국과 후진국의 차이가 무엇이냐는 말에 경제적인 것과 군사적인 것을 제하고 교육을 우선하는 경우가 대부분입니다. 그런데 무조건적으로 국민들이 많이 배웠다고 해서 선진국이라 하지 않습니다. 배운 것을 얼마나 실행으로 옮길 수 있도록 하는 것이 더 중요하기 때문입니다. 우리나라는 2000년대 들어서면서 고등학교 졸업생의 80%가 넘는 학생이 꾸준히 대학으로 달려갑니다. 그러나 선진국과 달리 우리나라에서는 대학에 입학한 학생들을 필요한 인적 자원으로 길러 내지 못하고 있는 것이 현실입니다. 학생들도, 그들을 뒷받침하는 부모들도 오로지 대학 졸업장을 얻기 위한 것이 목표입니다.

　가장 기본적인 인성교육에 집중해야 할 초등학교는 물론이고 중학교에서조차도 고등학교 입시만을 위해서, 고등학교는 대학교 입시만을 위해서 공부하고 있는 실정이라는 것은 온 국민이 다 알고 있습니다. 이처럼 치열한 입시 경쟁 속에서는 어떠한 교육을 한다 해도 실효를 거두기가 매우 어렵습니다. 입시에 탈락하게 되면 한순간에 인생의 낙오자로 전락해 버리기 때문입니다. 그러니 암기식 위주의 교육을 할 수밖에 없고 배운 것을 행동으로 옮긴다는 것은 생각조차 할 수 없습니다. 초등학교 시험 문제에 '쓰레기를 길에 버리면 되나요?' 하고 물으면 거의 모든 아이는 '안 된다'라고 답을 씁니다. 그러나 현실 속에서 거의 대부분의 아이들은 아무런 죄책감 없이 길거리에 쓰레기를 마구 버립니다. 이처럼 배운 것을 행동으로 옮기지 못하기 때문에 선진국의 교육이 아니라는 것입니다.

교육의 핵심은 아이의 행복이어야 합니다. 우리 부모들은 자녀에게 많은 관심을 갖고 쫓아다니며 정성스러운 뒷바라지하는 것을 매우 자랑스럽게 생각하거나 당연한 것으로 여기기도 합니다. 하지만, 그렇게 관심을 갖고 뒷바라지를 해도 늘 풀이 죽어 있거나 행복해하지 않는 아이들이 매우 많습니다. 오히려 부모의 지나친 관심이 아이에게 스트레스가 되어 신경질적이 되기도 합니다. 특히 어려서부터 부모가 아이의 모든 것을 대신해 주거나, 아이가 잘못했을 때도 그 책임을 대신 짊어져 주고 하는 것은 스스로 할 수 있는 자신감은 물론이고 학습에 대한 욕구와 무엇이든 하고자 하는 의욕을 꺾어 버리는 행위입니다.

저연령 시기에 아동들은 논리성과 언어사고력이 발달되지 않았기 때문에 행동을 우선적으로 하게 됩니다. 하지만, 만 3세를 넘어서면서부터는 스스로 할 수 있도록 이끌어야 합니다. 특히 언어가 발달하게 되면서부터는 더욱 스스로 하도록 해야 합니다. 누군가 아이에게 질문을 했는데 부모가 대신 답을 하거나, 반대로 아이 대신 질문을 한다거나 하는 것은 아이의 언어 발달은 물론이고 추리력 발달에도 매우 어려움을 가져오게 됩니다. 또한 시간이 부족하다고 해서 아이에게 밥을 먹여 준다거나 신발을 신겨 주는 것 등은 아이의 행동은 물론이고 성격 자체에도 커다란 문제를 야기시킬 수 있습니다.

만 4세가 넘어서면서부터는 아이가 '왜'라는 질문을 많이 하게 됩니다. 또 그래야 합니다. '왜'라는 질문이 많아지기 시작한다는 것은 그만큼 주변 사물이나 책 등에 관심이 많아진다는 것을 의미하는데 이때 부모는 적극적으로 답을 해 주고 해결된 것들을 행동으로 또는 말로 나타낼 수 있도록 이끌어야 합니다. 이렇게 된다면 아이는 만 5세가 넘어서면서 깊이 있는 언어구사력은 물론이고 폭넓은 지식을 탐구하려는 학습적 욕구가 생기게 됩니다. 하지만, 아이는 많은 질문을 하는데도 불구하고 부모가 '유치원에 가서 선생님께 물어봐' 한다든가, '아빠 오시면 물어봐라' 한다면 아이는 더 이상 질문을 하지 않거나 아예 대답은 들을 생각도 하지 않고 질문만 해 대는 이상한 아이가 될 수도 있습니다. 연령에 따른 고른 두뇌의 발달을 위해서는 그 발달 시기마다 적용해야 할 부분들이 있습니다. 저연령 시기부터 '왜'라는 질문을 많이 하도록 유도한다면 우뇌 기능의 호기심은 물론이고 주변 사물에 대한 관찰력도 잘 발달하게 되며, 좌뇌 기능의 추상력과 언어사고력, 추리력, 그리고 이해력까지도 잘 형성되게 될 것입니다.

● 부모는 자녀의 모델

자녀의 두뇌발달과 형성은 부모의 영향력이 가장 크며, 행동과 습성이 성격으로 자리하게 되면 일반적인 방법으로는 바꾸기가 매우 어렵다고 했습니다. 자녀가 부모로부터 물려받은 유전인자는 약 15% 정도로 보는데 그중에서 가장 강한 것이 바로 성격적인 것입니다. 얼른 보기에는 외형적인 부분이 가장 많은 것 같아도 그렇지 않습니다. 그것은 왜냐하면 외형적인 것은 태어나면서부터 비교가 가능하게 되지만, 성격적인 것은 적어도 만 7세 이상은 되어야 비교가 되기 때문입니다.

두뇌의 기능 형성과 발달에 있어서 가장 중요한 것 중의 하나가 바로 협응력입니다. 이 협응력은 '보고 따라 하기'인데, 이 협응력 발달이 잘된 아이는 학년이 올라갈수록 공부도 잘할 뿐만 아니라 아주 야무지고 사회성이 뛰어나 친구관계도 매우 좋게 나타나게 됩니다. 그런데 이 협응력 발달이 잘된 아이의 가정을 살펴보면 거의 대부분의 부모가 아주 객관적이며 원칙이 있고 균형 잡힌 생활태도를 보이면서 자녀를 양육하기 때문에 자녀와의 애착관계 형성도 매우 높은 것으로 나타나고 있습니다. 특히 이 부모들은 자녀의 단계적 기능 발달을 이해하고 다양한 경험학습을 제공하며 자녀와의 관계를 종속적이기보다는 서로를 인정하는 관계를 중요시한다고 합니다. 이처럼 부모가 바른 행동을 보이는 삶을 살게 되면 그 자녀들도 바른 행동을 따라 배우게 됩니다. 부모가 아이에게 존댓말을 사용하라고 다그치기보다는 아이가 보는 앞에서 자연스럽게 부부간에 존댓말을 사용하게 되면 아이가 보고 배우게 될 것입니다. 그렇지 않고 서로 반말을 주고받게 된다면 아이 역시 그대로 배우게 될 것입니다. 그렇기 때문에 자녀는 부모의 거울이라고 하는 것입니다.

두뇌 진단을 통해 두뇌의 기능이 고르게 발달한 아동들을 보거나 반대로 커다란 편차를 보이는 아동들을 보게 되면 각각 그 부모를 짐작하게 됩니다. 아이의 고른 두뇌의 발달과 형성에 가장 큰 영향을 미치는 것은 바로 부모의 영향력이라는 것을 기억해야 합니다. 아이들의 두뇌는 이해하고 받아들이는 것이 아니라, 그대로 인식하기 때문입니다.

● 리더로 키운다는 목표를 세우자

갈수록 사회는 리더는 아니더라도 리더적인 사람을 요구하고 있습니다. 그러다 보니 리더십에 대한 교육도 많고 서적들도 셀 수 없을 정도로 많습니다. 과연 어떤 사람들이 리더가 될 수 있을까요? 예전에는 머릿속에 많이 든 사람들이 리더 역할을 했습니다. 그러나 현실은 그렇지 않습니다. 정보가 넘쳐 나고 있기 때문에 필요 이상의 것을 머릿속에 담을 이유가 없기 때문입니다.

리더가 되기 위해서는 저연령 시기부터 고른 두뇌발달과 함께 이루어지는 훈련이 필요합니다. 우선적으로 언어 소통능력이 앞서야 합니다. 이것은 웅변이 아니기 때문에 잠시의 훈련으로는 되지 않습니다. 좌뇌 기능의 언어사고력과 우뇌 기능의 창의력과 통찰력 기능이 맞물려 있어야 합니다. 초등학교 1학년 입학을 하고 나면 부모 참관수업이 있게 됩니다. 부모들이 교실 뒤에 있는 상태에서 아이들은 선생님과 수업을 합니다. 수업 도중 선생님께서 "왜 횡단보도에서 빨간 신호일 때는 건너가면 안 될까요?"라고 질문을 하면 아이들이 손을 들고 답을 하게 되는데 거의 대부분의 아이들이 같은 답을 합니다. 이때 언어 소통능력이 뛰어난 아이는 자신의 생각과 더불어 다른 아이들과는 다르게 표현하려 합니다. 바로 이러한 것들이 훈련이 되는 것입니다. 같은 답이라도 남과 다르게 표현하려는 생각 자체만으로도 언어사고력 기능이 발달하게 되는 것입니다. 아울러 이러한 아이들은 끊임없는 생각을 하기 때문에 적극적 사고 능력이 자리하게 되고 나아가 그것을 말로 표현하여 다른 사람의 동의를 얻어 내기 때문에 바로 설득력까지 갖추게 되는 것입니다. 이것이 현시대 리더에게 가장 필요한 것 중의 하나입니다. 여기에 정보 활용능력과 진취력까지 갖추게 된다면 매우 훌륭한 리더가 될 것입니다.

이 모든 것이 바로 고른 두뇌의 발달을 이루었을 때 나타나는 결과입니다.

우뇌 기능 발달을 위한 환경

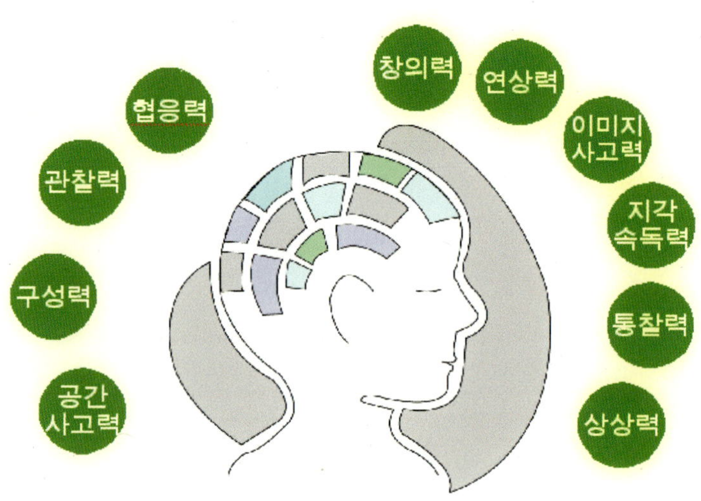

"저연령 시 좌뇌 기능보다 우뇌 기능 발달을 우선하라"

이제까지 저연령 시기 아동들의 두뇌발달에 대해 언급하면서 가장 중요한 것은 좌뇌 기능과 우뇌 기능의 고른 발달과 형성이라는 것을 알게 되었을 것입니다. 물론 두뇌의 기능은 좌뇌의 기능과 우뇌의 기능이 다르지만 모두가 고르게 발달하여 서로가 잘 협업을 이룰 수 있도록 해야 합니다. 특히 이 기능들의 발달은 연령에 따라 다른데 만 3세에서 5세까지의 아동들에게는 평생의 성격으로 자리할 수 있는 우뇌 기능의 발달에 우선을 두어야 합니다. 왜냐하면 이 시기의 아동들의 두뇌 기능 중 학습을 담당하고 있는 좌뇌의 기능이 아직 제대로 형성되는 단계가 아니기 때문에 학습을 우선하는 것은 두뇌발달의 불균형을 가져오게 됩니다. 그렇다면 우뇌 기능의 발달을 위해 어떻게 해야 할까요?

● 부모의 균형 잡힌 생활 태도와 환경이 중요하다

아이가 어릴수록 부모의 균형 잡힌 생활 태도가 매우 중요합니다. 즉, 부모가 이랬다저랬다 하는 히스테리적 성격과 행동을 보이거나 생활의 원칙이 없이 순간순간적으로 살아가는 태도를 보인다면 아이는 어디에 중심을 두어야 할지 모르게 되고 부모와 마찬가지로 계획성 없는 생활로 일관하게 되어 학년이 올라가면서 학습보다는 단순하고 흥미 있는 것들에만 몰두하게 됩니다. 반대로 부모가 원칙 있는 생활 태도를 보이며 옳고 그른 것에 대해 확고한 신념을 보인다면 아이 역시 부모의 모습을 보고 배워 실수가 적어지며 미리 예견하여 계획을 세우고 실천해 나가는 모습을 보이게 될 것입니다. 이러한 가정에서 자란 아이들은 우뇌 기능의 협응력과 공간사고력, 지각속독력 부분이 아주 잘 발달하게 되어 이 기능들이 장차 학습을 뒷받침하는데 큰 역할을 하게 될 것입니다.

● 부모의 자녀에 대한 지속적인 사랑

다른 아이들과의 관계나 주변 사람들과의 관계는 전혀 생각하지 않고 오직 내 아이만 챙기고 무조건적으로 모든 것을 받아 주는 것은 사랑이 아닙니다. 또한 어떤 목표를 정해 놓고 그 목표에 도달하지 못하면 체벌도 거침없이 가하면서 모두 아이가 잘되게 하기 위해 어쩔 수 없다는 부모의 행위도 사랑이 아닙니다. 아이들이 보는 앞에서 부부간에 자주 다투면서 다 너희를 사랑하기 때문에 이러는 거야 하는 것도 사랑이 아닙니다. 앞에서 언급했듯이 부모가 원칙 있는 생활 속에서 부부간에 어떠한 상황, 환경에 처하더라도 끊임없이 같은 모습을 보이며 아이와의 관계성을 중요시 여기고 아이의 말을 잘 경청하며 함께 이야기를 나누며 해결해 나가려는 부모의 모습이 정말 아이를 사랑하는 것입니다. 아이가 잘하면 사랑한다 말하며 칭찬하고, 시험 점수가 나쁘면 마구 화를 내거나 하는 모습은 아이의 두뇌발달에 커다란 악영향을 끼치게 됩니다. 하지만, 부모로부터 지속적인 사랑을 받고 자란 아이는 우뇌 기능 중에서도 정서적 발달과 감성적 풍부함 속에서 정도 많아지기 때문에 연령이 높아질수록 따르는 친구들이 많아지게 되어 사회성과 리더십의 기초가 됩니다.

● 결과보다 과정을 중시하는 생활태도

우리 부모들은 오로지 결과만을 놓고 아이를 평가하려고 합니다. 시험 점수가 낮은 아이는 그 아이가 갖고 있는 모든 것을 낮게 평가합니다. 입시 위주의 학교 교육에 길들여진 부모들이 그 자녀들에게도 똑같이 행하고 있는 것입니다. 부모들은 아이들이 해 놓은 결과물을 놓고서도 비교 우위를 나타내려 합니다. 사실 저연령의 아이들은 결과는 생각지 않고 과정만을 즐기는 경향이 매우 많습니다. 아이들의 두뇌발달 상황이 그렇기 때문입니다. 그래서 저연령의 아이들이 결과보다 과정을 중시하는 부모와 함께 자라게 되면 자신감이 생겨 행동도 빨라지게 되며 점차 자라면서 결과에 대해서도 스스로 생각을 하게 됩니다. 이러한 아이들은 우뇌 기능의 통찰력과 지각속독력 발달이 매우 좋게 나타납니다. 그러나 늘 결과만을 갖고 다그치는 부모 밑에서 자란 아이들은 무엇을 하든 자신감을 잃어 꾸물대고 겁이 많아져 모험심이 매우 약하게 됩니다. 이러한 아이들은 학년이 올라가면서 어려운 문제를 대하게 되면 해 보려는 모험심을 나타내 보이기보다는 나는 할 수 없다며 쉽게 포기해 버리게 됩니다.

● 왼손과 왼 손가락의 활용을 높인다

두뇌 기능과 우리의 신체는 반대로 연결되어 있습니다. 또한 사람의 손은 제2의 두뇌라고도 합니다. 그만큼 손의 움직임이 중요합니다. 아이가 걷기 시작하고 말을 하기 시작하면서부터 학습지 등의 단순학습에 치중하도록 할 것이 아니라, 마음대로 손과 팔을 움직여 그림이나 선을 그리도록 하고 놀잇감을 통해 조작활동을 많이 하도록 하는 것이 두뇌발달에 좋습니다. 특히 저연령의 아이들은 원숭이처럼 따라 하는 것을 좋아하기 때문에 부모에 의한 적절한 신체활동 등을 따라 하도록 하고, 그림을 그대로 따라 그리도록 한다거나 선으로 그려진 그림 안에 색연필 등으로 색칠하도록 하는 것 등을 통해 손을 많이 활용하도록 하면서 손가락과 손의 힘을 기르는 것이 두뇌발달에 매우 좋습니다.

이처럼 학습에 관계된 것들은 오른손을 통해 하는 것이 좋고, 그 외의 생활 습관에 따른 것들은 왼손을 많이 사용하도록 하는 것이 좋습니다. 우리의 문화가 오른손잡이를 위한 것이 대부분이기 때문에 오른손잡이는 자라면서 왼손을 사용할 확률이 거의 없습니다. 그렇게 되면 왼쪽 뇌의 기능만 강해지고 오른쪽 뇌의 기능은 제대로 발달이 되지 않아 창의성, 감성 등이 약화될 수 있습니다. 따라서 식사를 한다거나 조작 등의 활동을 할 때에는 왼손을 많이 사용하도록 해야 합니다. 글씨 쓰는 것을 제외한 색칠하기 등도 왼손과 더불어 사용하도록 하는 것이 우뇌 발달에 많은 도움이 됩니다. 이렇게 저연령 시기부터 훈련을 통해 습관으로 되면 자라면서 양손을 모두 자연스럽게 사용할 수 있게 되어 모든 부분에서 한쪽 손만 사용하는 사람보다 훨씬 득을 많이 보게 될 것입니다.

● 비논리적인 상상이나 공상 훈련을 하도록 한다

좌뇌의 기능이 발달한 사람은 원리 원칙과 논리에서 벗어나려 하지 않습니다. 그렇기 때문에 주어진 것은 잘하지만, 창의력을 요하는 부분에 있어서 매우 힘들어합니다. 따라서 저연령 시기부터 두뇌의 우뇌 기능을 활성화시키고 잘 발달시키기 위해서 비논리적 상상과 공상을 많이 하도록 유도하는 것이 좋습니다. 예를 들어 보겠습니다.

-다음과 같이 장미꽃과 자동차의 두 그림이 있습니다. 두 그림을

연결하여 이야기를 만들어 보세요.

① 장미꽃을 가득 실은 자동차가 지나갑니다(논리적).

② 빨간 장미꽃 속에서 커다란 자동차가 튀어나왔습니다(비논리적).

대부분의 부모들은 ①에 초점을 맞추려 할 것입니다. 저연령 시기부터 ①과 같은 논리적 문장력을 키우는 훈련을 해 왔다면 저학년까지는 공부를 잘하게 나타나겠지만 학년이 올라가면서 창의성과 상상력의 부족으로 글의 숨어 있는 핵심을 파악한다거나 주제를 통한 글쓰기 등의 논술력에 있어서 현저한 부족함으로 드러나게 될 것입니다. 반면 저연령 시기부터 ②와 같은 비논리적 상상력을 키워 왔다면 학년이 올라가면서 상상력도 풍부해지겠지만, 논리성이 가미되면 창의력은 물론이고 논술 부분에 있어서도 뛰어난 글쓰기를 보이게 될 것입니다.

자라는 아이들의 말이 논리에 맞지 않고 전혀 엉뚱한 말을 하더라도 자꾸만 좌뇌식의 학습을 도입하려 하지 말고 그 즉시는 비논리성을 갖고 있다 하더라도 상상력을 키워 주는 것이 우뇌 기능 발달을 위해 매우 바람직한 일입니다. 일단 초등학교 저학년을 벗어나게 되면 부족하게 나타나는 우뇌 기능을 발달시키기가 매우 어렵다는 것을 기억해야 합니다.

● 신체의 오감을 총동원할 수 있도록 한다

저연령 시기부터 신체의 오감 활동을 많이 하면 할수록 우뇌 발달에 매우 좋습니다. 음악이나 소리를 듣고 무엇인지 알아맞힌다거나,

음료 또는 음식을 먹어 보고 무슨 맛인지 알아보는 것, 요리를 해 보는 것, 만져만 보고 자신의 느낌을 이야기해 보는 것 등은 모두 우뇌 기능의 활성화를 위해 아주 좋은 방법들입니다. 신체의 오감 기능을 활성화시킨다는 것은 아이의 감각기관을 발달시키는 것이고, 그러한 것들은 일상을 통한 체험을 통해 학습으로 자리하게 되는 것입니다.

● 정리 정돈을 잘하도록 한다

너무 강압적으로 정리 정돈을 하도록 시키는 것은 무리가 있지만, 저연령 시기부터 간단한 정리 정돈이 몸에 익혀지도록 지도하는 것이 좋습니다. 방에 온통 장난감을 늘어놓고 놀았는데 당연하게 부모가 대신 정리를 해 주는 것은 결코 옳지 않습니다. 그렇다고 마구 야단을 치거나 짜증을 내면서 모두 정리하도록 하면 아이는 할 수 없을 뿐만 아니라 스트레스를 잔뜩 받게 됩니다. 따라서 몇 가지만이라도 제자리에 갖다 놓도록 하고 부모가 도와줍니다. 물론 아이가 정리한 몇 가지를 보면서 칭찬을 해 주면 점차 정리하는 양이 늘어나게 될 것입니다. 이처럼 어려서부터 정리 정돈의 습관이 된다면 자라면서 생각하는 것은 물론이고 학습에 있어서도 일목요연하게 스스로 계획을 세우고 실천해 나가는 모습이 나타나게 되는데 이것은 바로 우뇌 기능의 공간사고력이 잘 발달했기 때문입니다. 이러한 아이들은 학년이 올라가면서 책의 내용 파악이 빠르고 수학의 서술형 문제와 과학의 복잡한 부분에 있어서도 쉽게 접근하며 학습적 욕구도 크게 갖게 될 것입니다.

● 독서 시 창작동화나 전래동화를 많이 읽도록 한다

좌뇌 기능이 발달한 아이들은 인물이나 논리성이 강한 책들을 좋아하게 됩니다. 논리성이 강한 책들은 상상력이 필요가 없습니다. 그렇기 때문에 이러한 아이들은 상상력이 매우 약하게 나타나게 되어 창의성이 요구되는 부분에서 매우 힘들어하고, 모험심이 부족하게 나타나 행동에 있어서 매우 소극적이 됩니다. 결국 학년이 올라가면서 누군가를 따라 하기는 잘하겠지만 스스로 나서서 다른 사람을 이끄는 리더 역할을 하기가 매우 어렵습니다.

따라서 이러한 아이들은 우뇌의 기능 활성화를 위해 상상력과 감성적 기능을 풍부하게 해 줄 수 있는 창작동화나 전래동화를 많이 읽도록 해야 합니다. 만 7세 이전에 읽은 책들은 오래도록 기억에 남기도 하지만, 성격 형성에도 큰 영향을 끼치기 때문에 부모가 자녀의 두뇌발달 형성에 따라 책을 선택하여 읽도록 하는 것이 좋습니다.

좌뇌 기능 발달을 위한 환경

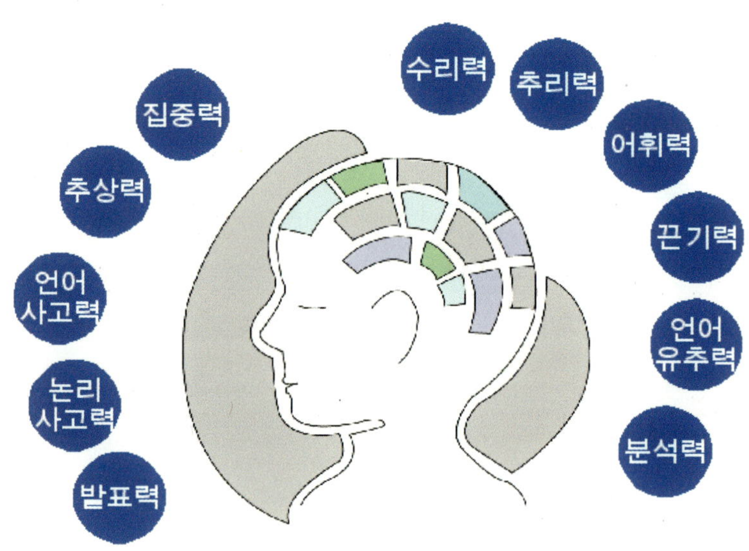

"우뇌 기능이 강한 아이들은 행동이 앞선다"

사람은 태어나면서 우뇌 기능만 활성화되어 있는 이유도 있겠지만, 저연령의 아이들은 대부분 우뇌적 행동을 많이 하게 됩니다. 그러나 점차 연령이 높아지면서 좌뇌의 기능들이 자리를 잡아야 하는데, 부모의 무관심 혹은 무조건적인 사랑으로 제때에 자리를 잡지 못하는 경우가 많습니다. 특히 아이의 기를 꺾지 않겠다는 이유로 사리 판단을 할 수 있는 나이임에도 불구하고 공공장소나 여러 사람이 있는 곳에서 거침없는 행동을 보이는 경우가 그렇습니다. 우뇌 기능이 활성화되는 것은 너무 좋지만 그 속에는 반드시 좌뇌 기능의 논리성과 체계성이 수반되도록 해야 합니다. 그렇지 않으면 엉뚱한 행동으로 일관하게 되고 결국 연령이 높아지면서 학습에도 커다란 지장을 받기 때문입니다.

● 엄마와의 강한 애착관계를 형성시켜야 한다

좌뇌 기능의 활성화를 위한 초석이 바로 엄마와의 강한 애착관계 형성입니다. 엄마와의 애착관계 형성은 태어나서 1년 이내가 매우 중요합니다. 이 시기에는 좌뇌의 기능이 거의 형성되어 있지 않지만, 이 시기에 이루어지는 엄마와의 애착관계 형성은 만 3세를 넘어서면서 좌뇌 기능 형성에 큰 영향을 끼치게 되기 때문입니다. 엄마와의 애착관계 형성이 부족한 아이들은 초등학교에 들어가는 나이가 되면서 친구 관계가 매우 부족하게 나타나게 됩니다. 더군다나 이 시기에 우뇌 기능만 강하게 형성되어 있고 좌뇌의 기능 형성이 부족하게 된다면 행동에 있어서 여러 가지 문제점이 드러나게 되는데 흔히 말하는 온갖 말썽은 다 피우고 다니는 아이가 될 수 있다는 것입니다.

아기 때 엄마가 끊임없이 사랑을 베풀고 옹알이를 시작하게 되면서부터는 많은 이야기를 들려주고 아기 곁에서 가족 간의 대화 시간을 많이 갖도록 합니다. 아기는 가족 간의 대화를 이해하지는 못하지만, 그 모든 환경을 인식하게 되면서 두뇌에 자리하게 됩니다. 이후 아기가 말을 하기 시작할 때 시간을 정해 놓고 책을 읽어 주게 된다면 아이가 엄마에 대한 애착이 강하게 자리하게 될 것입니다. 엄마와의 애착관계 형성이 잘된 아이는 책을 좋아하게 되고 독서 능력이 뛰어나게 될 뿐만 아니라 폭 넓은 사고력을 갖게 됩니다. 특히 연령이 높아지면서 집중해서 듣는 것도 잘할 뿐만 아니라 들은 것을 종합하고 분류하여 특성을 찾아내는 것을 잘하여 학습부분에 매우 뛰어나게 됩니다. 생활에 있어서도 행동하기에 앞서 생각을 먼저 하기 때문에 실수가 적게 되고 모범적인 생활을 하게 됩니다. 이러한 모든 것은 좌뇌 기능의 추상력과 언어사고력이 잘 발달했기 때문인데 두뇌의 이 기능들은 엄마와의 애착관계 형성과 매우 깊은 관계가 있다는 것을 기억해야 합니다.

● 부모의 일관성 있는 생활태도

좌뇌 기능이 잘 발달한 아이들의 가정을 보면 환경적으로 부모가 일관성 있는 생활태도를 보이며 편중화된 것이 아니라 객관적인 생활지도와 다양한 독서지도를 꾸준하게 하기 때문으로 나타납니다. 부모가 아이에게 일률적으로 책을 읽도록 지시하고 명령을 하는 것이 아니라, 부모가 먼저 책을 읽는 모습을 보이며 아이와 함께 책을 읽고 그 내용에 대해서 혹은 아이의 생각에 대해서 많은 이야기를 주고받기 때문입니다. 이러한 부모들은 생활에 있어서도 일관성 있는 태도를 보입니다. 그래서 아이들은 그러한 부모의 모습을 따라 배우면서 자신도 모르는 사이에 생활 속에서 논리성과 체계성을 배우게 되는 것입니다.

우뇌 기능이 발달한 아이들은 책을 가까이하기보다는 장난감 등을 통한 놀이와 컴퓨터 게임 등의 화면에 익숙해지기 쉽습니다. 생각하는 것을 싫어하고 한자리에 오래도록 앉아 있기를 매우 힘들어 하는데 그것은 좌뇌 기능이 제대로 형성되지 않았기 때문입니다. 너무 한자리에 오래도록 앉아 책만 붙잡고 있는 것도 문제이지만, 책을 전혀 가까이 하지 않는 것은 더욱 큰 문제입니다. 따라서 부모는 아이가 책을 가까이할 수 있는 환경을 만들어 주고 끈기를 갖고 끝까지 읽을 수 있도록 습관을 들여 주어야 합니다. 이때 아이들은 흥미가 있어야 접근을 하기 때문에 책의 선택을 잘해 주어야 합니다. 내 아이는 읽지 않았지만 다른 아이들은 이미 읽었다 해서 흥미도 없는데 강제로 선택하여 읽도록 한다면 아이는 책을 더 멀리하게 될 것입니다.

어떻게 보면 살아 있는 평생 동안 늘 가까이해야 할 것이 책인지도 모릅니다. 적어도 대학을 졸업하기까지는 책과 가까이해야 하는 것임에는 틀림이 없습니다. 그렇다면 책을 대할 때마다 스트레스를 받는 것이 아니라 새로움에 대한 호기심과 지식을 쌓는다는 즐거움을 가질 수 있다면 정말 좋을 것입니다. 바로 이러한 좋은 습관을 갖게 하기 위해서 필요한 것이 만 6세 이전에 책을 가까이하는 습관을 들여 주는 것입니다.

● 정리 정돈을 스스로 한다

좌뇌 기능이 강하게 발달한 아이들은 만 5세만 넘어도 스스로가 치우고 정리하는 것을 좋아하게 됩니다. 그러나 우뇌 기능이 강하게 자리한 아이들은 전혀 그렇지 않습니다. 정리할 필요성을 느끼지 못하는 것이 아니라, 주변에 자신의 물건들이 널려 있어도 그것들이 눈에 띄지 않기 때문입니다. 이러한 성향이 그대로 성격으로 자리하게 되면 어른이 되어서도 마찬가지입니다. 그렇기 때문에 좌뇌 성향이 강한 어른들은 물건이 있을 자리에 있지 않으면 짜증을 내고 스트레스를 받지만, 우뇌 성향이 강한 어른들은 아예 관심조차 갖지 않는 것입니다. 이러한 것은 생활에서뿐만 아니라 학습에 있어서도 똑같이 나타나게 됩니다. 시험이 다가오면 벼락치기 공부를 하거나 요점만 공부하려 하고 일단 시험을 치르고 나면 모든 것을 다 잊어버리려 합니다.

이처럼 저연령 시기의 행동이 학습으로 연결되기 때문에 우뇌가 강하게 발달한 아이들은 차분함과 논리성을 길러 주기 위해서는 조금 강압적일지라도 행동적인 정리 정돈의 습관을 들일 필요가 있습니다. 우뇌 성향의 아이들이 물건들을 정돈하거나 자기 방을 치우기 위해서는 끈기력과 함께 정리하고 났을 때의 자기 방을 상상할 수 있는 추리력이 필요하게 됩니다. 바로 이러한 기능들이 좌뇌의 기능들입니다. 이 좌뇌의 기능들은 점차 연령이 들어가면서 수학과 과학 분야에 큰 영향을 끼치게 되며 모든 학습을 하는 데 있어서도 가장 기본이 되는 것들입니다.

● 무엇이든 세밀하게 하도록 한다

우뇌 기능이 강하게 발달한 아이들은 무엇을 하든 빠르게 하려 합니다. 그것은 다른 사람들의 시선 받기를 좋아하기 때문입니다. 그러나 좌뇌 기능이 발달한 아이들보다 논리성이 부족하기 때문에 결과물에 대해 높은 평가를 받지 못하더라도 크게 신경 쓰지 않습니다. 하지만, 학년이 올라가면서 자신이 다른 아이들보다 많이 부족하게 나타난다는 것을 알게 되면서부터는 급격하게 자신감이 결여되게 나타납니다. 왜냐하면 자신도 다른 아이들처럼 잘해 보려 해도 이미 뇌 기능의 부족한 발달로 잘할 수 없기 때문입니다.

유치원 등에서 교사와 함께 주말 지낸 이야기를 주고받을 때에도 우뇌 기능이 강하게 드러나는 아이들은 교사의 질문에 단타적인 대답만 하게 됩니다. 그러면서도 호기심이 강해 교사의 답이나 다른 친구들의 이야기를 들으려 하기보다는 계속해서 질문만 하게 되는 경우도 있습니다. 이러한 아이들에게는 무엇보다 듣는 훈련이 필요합니다. 말을 할 때도 즉흥적으로 할 것이 아니라 한 번 더 생각해 보고 말을 할 수 있는 습관을 들이도록 해야 합니다.

그래도 우뇌 기능이 강한 아이들에게 좌뇌 기능의 논리성과 체계성을 발달시키는 것은 그리 크게 힘이 들지 않습니다. 부모와 가족들이 생활적 습관을 바꿀 수 있도록 함께 협력한다면 빠르게 좌뇌 기능을 발달시킬 수 있습니다. 반대로 좌뇌 기능이 강하게 자리한 아이들에게는 호기심, 창의성과 모험심 등을 발달시키기는 매우 어렵습니다. 이미 자신의 생각만이 옳다는 등의 고지식한 부분이 자리하고 있기 때문입니다. 따라서 아직까지 우뇌 기능이 강하게 드러나는 만 4세 정도에서부터는 무엇을 하든지 끈기를 갖고 세밀하게 할 수 있도록 지도해야 합니다. 그에 따라 부모는 결과보다는 과정을 중시하며 칭찬과 격려를 많이 해 준다면 빠르게 좌뇌 기능이 형성될 것입니다.

● 어휘력을 길러 주도록 한다

우뇌 기능이 강하게 발달한 아이들의 가장 큰 단점은 어휘력의 부족입니다. 이것은 저연령 시기부터 나타나기 시작하는데, 특히 TV 등의 화면에 익숙해진 아이들에게서 더 심하게 나타납니다. 이 아이들이 말을 할 때는 주로 단타적인 단어로 끝나지만 다른 사람의 말을 제대로 이해하지 못한다는 것에 문제가 있는 것입니다. 말을 하더라도 언어사고력 등이 발달하지 않았기 때문에 말의 의미를 제대로 파악하지 못하는 경우가 많습니다.

우선 가정에서 부모나 가족들이 다양한 언어 구사를 하는 것이 좋습니다. 그렇게 일상적인 생활 속에서 다양한 언어들을 사용하게 된다면 아이는 호기심에서 자꾸 단어의 뜻을 물어보아 알고자 할 것입니다. 대부분의 부모들은 어휘력에 관심을 두지 않고 그저 읽고 쓰는 것에만 관심을 두는 경우가 많은데, 영어도 우선적으로 단어를 많이 알아야 잘할 수 있는 것과 마찬가지로 우리말도 단어를 많이 알수록 말도 잘하고 장차 쓰는 것도 잘할 수 있습니다.

유치원 시기까지는 유아 언어를 사용하기 때문에 그리 많은 어휘 수가 필요하지 않지만, 초등학교에 들어가면서부터는 상황이 급격하게 달라집니다. 따라서 한꺼번에 암기식으로 어휘력을 증진시키려 하지 말고 저연령 시기부터 꾸준하게 어휘 수를 늘려 가는 것이 좌뇌 기능 발달을 위해 매우 좋습니다. 우리가 좌뇌의 대표적인 기능이 언어라는 것은 언어를 담당하는 뇌의 기능이 좌뇌의 다른 모든 기능을 끌고 나가기 때문입니다. 즉, 언어뇌가 발달하면 좌뇌 기능의 다른 모든 것도 잘 발달하게 되지만 반대로 언어뇌가 발달하지 못하면 다른 뇌 기능들도 끌어 내린다는 것입니다.

우뇌 기능이 강하게 드러나는 저연령 시기부터 점차적으로 어휘 수를 늘려 나가는 것은 장차 학습을 하는 데 있어서 커다란 밑거름이 될 것입니다.

두뇌발달이 잘 이루어지면?

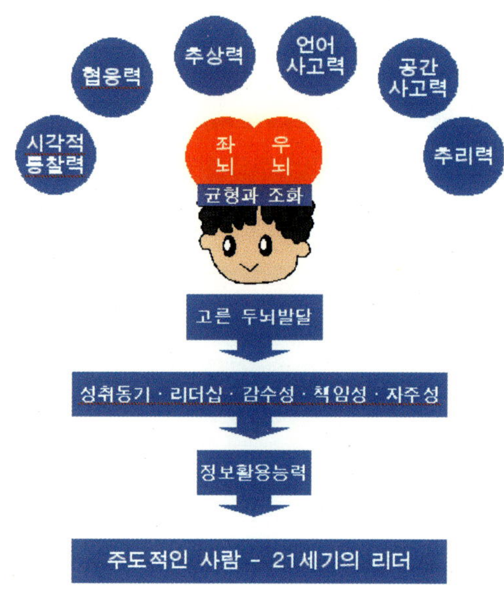

"리더의 선제조건은 두뇌의 균형과 조화"

우리가 두뇌발달이 잘 이루어지도록 요구하는 것은 제 시기에 발달이 되지 않으면 이후에 발달시키기가 어려운 점도 있지만, 한 번 형성이 된 습관과 성격으로 자리 잡고 평생 따라가기 때문입니다. 이처럼 한 번 형성된 두뇌가 균형과 조화를 이루어 고르게 발달된다면 21세기의 리더 역할을 할 수 있게 된다는 것입니다.

● 주도적인 사람, 리더의 선제조건은 고른 두뇌발달

왜 주도성을 갖춘 사람이라든지, 리더십을 갖춘 사람이 되기 위해서는 학습만으로 되지 않을까요? 그것은 학습을 통해 얻을 수 있는 것이 아니라 두뇌의 기능에서 비롯되기 때문입니다.

리더 또는 주도적인 사람이 되려면 외향적 성격으로 자신감과 리더십을 발휘할 있는 시각적 통찰력, 눈썰미와 신체적 조절능력이 뛰어나 무엇이든 보고 따라 배우기를 잘하며 어떠한 일처리도 야무지게 해 내는 협응력, 주변의 정보를 모아 공통되는 특성이나 속성 등을 추출하여 파악하는 추상력, 어떠한 상황에서 누구에게라도 설득시켜 공감을 얻어 낼 수 있는 언어사고력, 입체적 사고와 즉각적인 상황판단을 이끌어 내는 공간사고력, 알고 있는 것을 바탕으로 알지 못하는 것을 미루어 생각하여 행동의 정확성과 빠른 일처리를 나타내는 추리력 등이 잘 발달해 있어야 합니다.

이처럼 좌뇌의 기능들과 우뇌의 기능들이 고르게 잘 발달하여 서로 간의 협업이 이루어져 겉으로 드러나게 된다면 학습은 물론이고 행동에 있어서도 명확하고 자신감 있게 본을 보이기 때문에 사람들에게 믿음을 심어 주어 따르는 사람이 많게 되고 자연스럽게 리더 역할을 하게 되는 것입니다. 여기에 급변하는 정보화 시대에 맞춰 여기저기 산재해 있는 정보들을 통합하고 분류하여 자신의 생각을 덧붙여 새로운 생각으로 발전시킬 수 있는 정보 활용능력까지 갖추게 된다면 리더 역할을 충분히 할 수 있는 사람이 될 것입니다.

두뇌발달이 균형과 조화를 이룬 채 고른 두뇌발달을 이룬다면 리더십은 물론이고 성취동기의 향상과 책임성과 자주성도 뛰어나 학년이 올라갈수록 주도적인 사람이 되는 것은 물론이고 그러한 것들을 밑바탕으로 하여 창의성, 의사소통능력, 자기 주도적 학습능력도 나타내게 될 것입니다.

참고문헌

가와시마 류타・가와시마 히데코, 안수경 역(2007).『총명한 두뇌를 가진 아이, 평범한 두뇌를 가진 아이』. 서울: 도서출판 사과나무.

강성종(1999).『두뇌의 신비, 자궁에서 무덤까지』. 전파과학사.

김건용 외(2012).『전뇌활용 영재교육』. 경기: 이담.

김미랑 편저(1996).『잠자는 아이의 두뇌를 깨워라』. 서울: 한울림.

김유미(2002).『두뇌를 알고 가르치자』. 서울: 학지사.

김정휘 외(1996).『영재 학생을 위한 교육』. 서울: 교육사.

다고 아키라, 은영미 옮김(2007).『아이의 잠재된 두뇌력을 깨워라』. 서울: 나라원.

다니엘 G. 에이멘, 안한숙 옮김(2008).『그것은 뇌다』. 서울: (주)한문화멀티미디어.

박만상(2007).『총명한 두뇌 만들기』. 서울: (주)지식산업사.

박병철 편저(2009).『Human Brain』. 서울: 국제두뇌계발연구소.

박선무・고선윤 역(2001).『3일 만에 읽는 뇌의 신비』. 서울: (주)서울문화사.

빌라야누르 라마찬드란, 신상규 옮김(2007).『두뇌 실험실』. 바다출판사.

사이토 시게타(2005).『기적의 두뇌습관』. 서울: (주)도서출판 길벗.

송봉헌(1998).「온머리교육」. 서울: 한국전뇌사고연구소.

서유헌(2005).『나는 두뇌짱이 되고 싶다』. 서울: 랜덤하우스중앙(주).

서유헌(2007).『뇌 발달단계에 따른 학습법』.
http://www.brainmedia.co.kr/

오시마 기요시(2006).『아이의 두뇌력 9살까지 결정된다』. 서울: 북스넛.

오치선(1999).『사회교육』.「교육의 수월성」. 서울: 한국교총.

유임주 외(1998).「연령 및 성별에 따른 한국인 뇌의 정중시상면 구조연구」. 『대한해부학회지』 31권 6호. p.899~903.

이승헌(2005).『아이 안에 숨어 있는 두뇌의 힘을 키워라』. 서울: (주)한문화 멀티미디어.

이승헌(2008).『뇌파 진동』. 서울: (주)한문화멀티미디어.

이케가야 유지・이토이 시게사토, 박선무・고선윤 옮김(2003).『해마』. 서울: 도서출판 은행나무.

Chen, J., lsberg, E. & Krechevsky, M.(1999). (Building on children's strengths: The experience of project spectrum). NY: Teachers College, Columbia University.

Feldhusen, J. F.(1997). Educating teachers for work with talented youth. In N. Colangelo & G. A. Davis (Eds.). Handbook of gifted education. London: Allyn & Bacon.

Marie T. Banich, 김명선·강은주·강연욱·김현택 옮김(2008). 『인지신경과학과 신경심리학』. 서울: (주)시그마프레스.

George, D.(1995). Gifted Education-Identification and Provision, Resource Material for Teachers. London: David Fulton Publishers.

Hansen, J. B. & Feldhusen, J. F.(1994). Comparison of trained and untrained teachers of gifted students. Gifted Child Quarterly.

Peter Russell, 김유미 역(1996). 『인간의 두뇌』. 교육과학사.

Renzulli, J. S.(1995). What makes giftedness? Reexamining a definition. Phi Delta Kappan.

박병철

국제문화대학원대학교 교육학 박사
국제문화대학원대학교 교육학 석사
명지대학교 사회교육대학원 수료(두뇌예술교육 전공)

숙명여자대학교 사회교육원 두뇌교육지도자 과정 교수
동국대학교 사회교육원 두뇌교육지도자 과정 교수
EBS 딩동댕유치원 부모교육 전임강사

현) 국제문화대학원대학교 뇌교육학과 교수
    국제두뇌계발연구소 소장
    서울 윤서유치원·윤서 Brain School 이사장
    EBS 유아통합교육 Kemy 상임고문
    '우리 아이 두뇌 키우기' 부모교육 전문강사
    (전국 유아교육기관 300여 회 출강)

초판 1쇄 발행 ┃ 2012년 07월 05일
초판 2쇄 발행 ┃ 2023년 06월 15일

지 은 이 ┃ 박병철
펴 낸 이 ┃ 채종준
펴 낸 곳 ┃ 한국학술정보㈜
주   소 ┃ 경기도 파주시 문발동 파주출판문화정보산업단지 513-5
전   화 ┃ 031) 908-3181(대표)
팩   스 ┃ 031) 908-3189
홈페이지 ┃ http://ebook.kstudy.com
E-mail ┃ 출판사업부 publish@kstudy.com
등   록 ┃ 제일산-115호(2000. 6. 19)

ISBN   978-89-268-3524-1 13370 (Paper Book)
         978-89-268-3525-8 18370 (e-Book)

이담 Books 는 한국학술정보(주)의 지식실용서 브랜드입니다.